TRIUMPH

TRIUMPH
triple
SPEED
triple

TRIUMPH

英伦凯旋摩托

[法] 泽夫 · 埃诺（Zef Enault）
[法] 米凯尔 · 勒维维耶（Michaël Levivier）
著

[法] 尤德 · 普尔迪厄 · 勒 · 寇兹（Yud Pourdieu Le Coz）
[法] 米凯尔 · 勒维维耶（Michaël Levivier）
摄影

满缇 译

SPM 南方传媒 | 广东人民出版社
· 广州 ·

图书在版编目（CIP）数据

英伦凯旋摩托 /（法）泽夫·埃诺，（法）米凯尔·勒维维耶著；满缇译. —广州：广东人民出版社，2022.12

ISBN 978-7-218-16193-8

Ⅰ. ①英… Ⅱ. ①泽… ②米… ③满… Ⅲ. ①摩托车—介绍—英国 Ⅳ. ①U483

中国版本图书馆CIP数据核字（2022）第216505号

YINGLUN KAIXUAN MOTUO
英伦凯旋摩托

[法]泽夫·埃诺 [法]米凯尔·勒维维耶 著
[法]尤德·普尔迪厄·勒·寇兹 [法]米凯尔·勒维维耶 摄影 满缇 译

出 版 人：肖风华

责任编辑：李幼萍
责任技编：吴彦斌 周星奎

出版发行：广东人民出版社
地 址：广州市越秀区大沙头四马路10号（邮政编码：510199）
电 话：（020）85716809（总编室）
传 真：（020）83289585
网 址：http: //www.gdpph.com
印 刷：北京尚唐印刷包装有限公司
开 本：1000 毫米 × 1250 毫米 1/16
印 张：15.5 字 数：285 千
版 次：2022年12月第1版
印 次：2022年12月第1次印刷
定 价：248.00元

如发现印装质量问题，影响阅读，请与出版社（020-87712513）联系调换。
售书热线：（020）87717307

“欢迎来到凯旋家族”

TRIUMPH

TRIUMPH
SPEED
1200

序言

120 年，是一段承载了品牌发展的历史，也是一条孕育了品牌文化的成长之路。历经岁月沉淀的人文与情怀，往往埋得很深，看不见却能够感受到。我与凯旋的缘分，也源于我最初接触这个品牌时对其文化的感知和认同。

我加入凯旋时的最后一次面试是去英国总部会见集团 CEO Nick Bloor 先生。当时公司给我安排的酒店在莎士比亚的故乡 —— 英国沃里克郡埃文河畔的斯特拉特福德镇。这家酒店已有 100 多年的历史，我从入住时便感受到了英国本土浓厚的历史韵味。

面试是在我抵达的第二天，而前一天公司还安排了工厂体验和经销店参观。傍晚时，Paul Stroud 先生，集团 CCO, 亲自开车来酒店接我去餐厅与 Nick 和他共进晚餐。当我到达餐厅时，Nick 已坐在户外的木桌旁喝着啤酒。看他那一大杯中剩余不多的酒，我猜想他应该已经到了至少 10 分钟了。晚餐时我们没有聊及工作，只是老友碰面般唠唠家常，谈谈时事。愉快畅聊后，Nick 亲自送我回到酒店。这一天于我是一次非常享受且独特的体验。

第二天的面试持续了一个半小时，Nick 更多的是通过我了解中国的市场和文化。从面试前的品牌工厂沉浸式体验、亲切的晚餐交流，到极度谦逊开明的面试过程，让我对这个品牌燃起了十足的尊重。这份尊重来源于品牌对于我的尊重。一个能够对应聘者如此谦卑以待的品牌，离不开其在这 120 年沉淀下来的深厚的文化底蕴。

在凯旋的每个人都能感受到它真诚的价值观，在此也分享凯旋的法国总经理 Jean Luc Mars 先生的一段话：“即便你非常热爱摩托车，也可能会对摩托车品牌公司的人、管理方式或价值观感到失望。凯旋在所有这些方面都非常卓越，其价值观是追求品质、真实、热情、谦逊、简单却坚决，以及由坦率、目标和对他人的尊重而组成的管理文化。凯旋这家公司由 John Bloor 一个人所有，这一事实意味着它不需要去适应往往非常短期的股东或市场需求。这一文化带来的是不浮躁的态度，以及对大胆创新的鼓励。而公司的规模和组织使不同级别之间没有障碍，给我们归属于一个大家庭的感觉。”

尽管凯旋的摩托车自 20 世纪 20 年代就已经开始在中国销售，但我们公司在中国正式成立至今仅仅三年左右的时间。我希望这本书能让中国的读者进一步了解凯旋过去 120 年的发展之路，也能感受到这些技术精湛的产品背后丰富的品牌价值观。

祝各位读者“旅”途愉快!

余世雄

凯旋中国总经理

第一章　诞生于考文垂 12
1885—1902

第二章　成功与失败 16
1902—1936
3HP，1905 年 20
Model H，1914 年 21
Model R Riccy，1921 年 22
500 TT，1927 年 23

第三章　爱德华·特纳，在进步与守旧之间 24
1936—1966
Speed Twin 5T，1938 年 28
T100 Tiger，1939 年 34
T100R GP，1946 年 40
TR5 Trophy，1949 年 42
TR6 SC，1964 年 46
Twenty One，1958 年 48

目录

第四章　进入美国市场 50
1936—1981

Thunderbird 6T，1949 年 52
Texas Cee-gar，1956—1962 年 56
Bonneville T120，1959 年 58

第五章　三缸摩托及其衰落 66
1950—1983

Trident T150，1969 年 70
Slippery Sam，1970 年 78
X75 Hurricane，1972 年 80

第六章　破产与转型 84
1983—1988

第七章　约翰·布卢尔，凯旋的复活 86
1983—2002

Trident 750 & 900，1991 年 90
Sprint 900，1993 年 91
Trophy 900 & 1200，1992 年 92
Trophy 900 & 1200，1996 年 93
Daytona 1000 & 1200，1991 年 94
Daytona Super III，1994 年 95
Tiger 900，1993 年 96
Thunderbird 900，1995 年 97
Speed Triple T301，1994 年 98

第八章　火灾与发展 102
2000—2010

第九章　尼克·布卢尔，目标实现 106
2010—2017

街车（Roadster） 110
Speed Triple，1997 年 112
Speed Four，2003 年 122
Street Triple 675，2007 年 124
Street Triple 765，2017 年 132

仿赛（Supersport） 138
Daytona T595，1997 年 140
Daytona 955i，2001 年 141
TT600，2000 年 142
Daytona 600，2003 年 143
Daytona 675，2005 年 144

巡航车（Cruiser） 150
America，2002 年 152

目录

Speedmaster，2003 年 153
Rocket III，2004 年 154
Thunderbird，2009 年 164

旅行车（Touring） **171**
Sprint ST，1999 年 172
Sprint RS，2000 年 173
Sprint ST 1050，2005 年 174
Trophy 1200 SE，2012 年 176

拉力车（Adventure） **179**
Tiger 955i，2001 年 180
Tiger 1050 Sport，2007 年 182
Tiger 800，2011 年 184
Tiger Explorer 1200，2012 年 188

现代复古（Modern Classic） **192**
Bonneville ，2000 年 194
Scrambler 900，2006 年 200
Thruxton 900，2004 年 202
Bonneville T100，2017 年 204
Street Twin，2016 年 206
Street Cup，2017 年 212
Street Scrambler，2017 年 216
Bonneville T120，2016 年 220
Thruxton 1200，2016 年 228
Bobber，2017 年 236

诞生于考文垂

1885—1902

CYCLE CO., LTD., COVENTRY.

1897

公司自 1897 年开始使用的商标（Logo），1902 年的密涅瓦摩托上也可以看到该商标。

齐格弗里德·贝特曼（Siegfried Bettmann）生于德国巴伐利亚州贝特曼斯格（Bettmannsäge）的一个普通木材商家庭，他是家中第九个孩子。他白手起家，创立了世界上最知名的摩托车品牌之一。他的传奇人生既是乘着时代的浪潮，也源于他自身把握商机的能力。

1883 年，齐格弗里德离开了刚统一不久、经济严重衰退的德国。那一年他 20 岁。英国飞速扩张的工业吸引了这位极具外语天赋的年轻人。抵达之初，他先在伦敦郊区落脚，随后又迁居到生活成本较低的伊斯灵顿区（Islington）。

在那里，他遇到了来自纽伦堡的另一位德国人，摩利兹·舒特（Mauritz Schulte）。摩利兹曾在荷兰生活了七年，怀揣着致富的愿望来到了英国。他们二人每隔一段时间就会在《每日电讯报》（*Daily Telegraph*）上刊登广告寻找工作。不久，麦瑟斯凯利公司（Messrs Kelly & Co.）因齐格弗里德的外语能力聘用了他，让他负责将使用说明书翻译为法语和德语。1885 年，他又被白色缝纫机公司（White Sewing Machine Company）聘为商务代表。这份新工作让他有机会四处旅游（瑞士、法国、意大利、西班牙、北非）并和他未来的生意伙伴广泛建立了联系。由于这家新公司经济状况不佳，贝特曼决定自立门户，成立了贝特曼进出口贸易公司（S. Bettmann & Co. Import Export Agency）。新公司主要业务是进口德国纺织机，同时也出售英国产的自行车。不过由于当时贝特曼自己的公司尚在艰难起步阶段，所以他仍时不时为白色缝纫机公司工作。

1886 年 11 月，在陶瓷制造领域工作的摩利兹向贝特曼提出，希望向他的公司注资 250 英镑，公司资金因此达到了 500 英镑。于是，齐格弗里德将二人的公司更名为凯旋自行车公司（Triumph Cycle Company），因为新名称的含义更广泛，也比简单以他的姓氏命名更好记。

创始人

齐格弗里德·贝特曼于 1885 年成立了以自己姓名命名的公司，此后不久该公司改名为凯旋自行车公司。

凯旋自行车有限公司

1887 年，贝特曼同时还在为了白色缝纫机公司的工作四处旅行，而舒特则结识了伯明翰阿斯顿一位名叫威廉·安德鲁斯（William Andrews）的自行车制造商。尽管当时自行车造价还很高，但舒特坚信个人交通行业拥有广阔的发展前景。他要求安德鲁斯专为凯旋公司研究设计一些自行车款式，并为此投入了 500 英镑，资助他购置更为现代化的生产设备和工具。次年，舒特还在他们的供应商那里待了整整两个月，学习技术提高能力。

合伙人

1886 年，齐格弗里德 · 贝特曼与摩利兹 · 舒特合伙成立公司，舒特和贝特曼二人都来自德国纽伦堡。

工厂

凯旋公司于 1902 年开始生产摩托车。上图展示的是 1907 年时凯旋坐落于伯明翰附近考文垂市普里奥里街（Priory Street）的工厂。

商标

自行车制造商沃曼莱克森公司（Warman, Laxon & Company）从 1879 年开始使用“凯旋”（Triumph）这个名字，但他们很快就弃之不用了。这可能使得贝特曼和舒特有机会启用了这个商标。

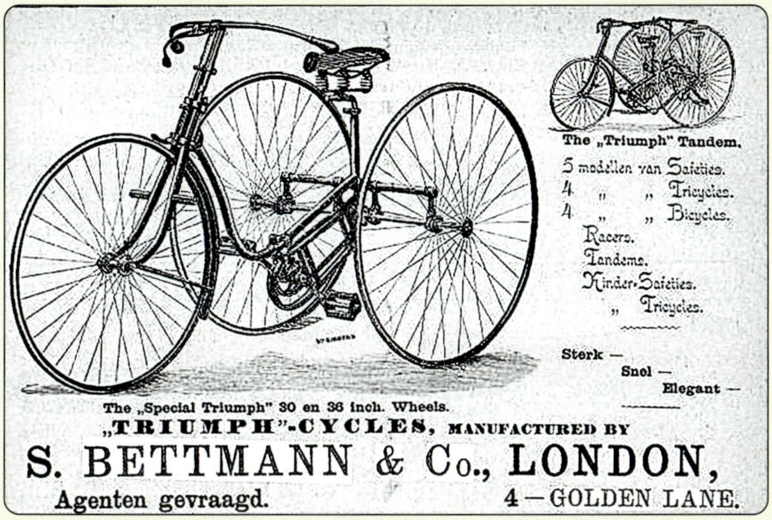

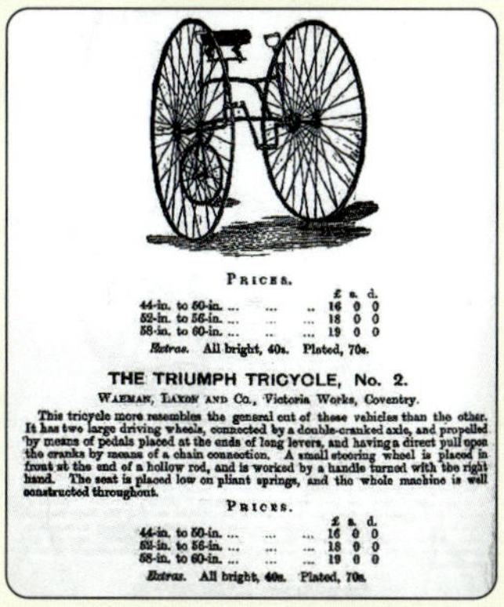

PRICES.

	£	s.	d.
44-in. to 50-in.	16	0	0
52-in. to 56-in.	18	0	0
58-in. to 60-in.	19	0	0

Extras. All bright, 40s. Plated, 70s.

THE TRIUMPH TRICYCLE, No. 2.

WARMAN, LAXON AND CO., Victoria Works, Coventry.

This tricycle more resembles the general cut of these vehicles than the other. It has two large driving wheels, connected by a double-cranked axle, and propelled by means of pedals placed at the ends of long levers, and having a direct pull upon the cranks by means of a chain connection. A small steering wheel is placed in front at the end of a hollow rod, and is worked by a handle turned with the right hand. The seat is placed low on pliant springs, and the whole machine is well constructed throughout.

PRICES.

	£	s.	d.
44-in. to 50-in.	16	0	0
52-in. to 56-in.	18	0	0
58-in. to 60-in.	19	0	0

Extras. All bright, 40s. Plated, 70s.

Export（出口）

很早以前，齐格弗里德 · 贝特曼决定出口他的自行车和其他三轮车，正如上图的荷兰广告所示。1890 年，他的名字从广告中消失了，此后的广告以“凯旋自行车公司”的名义刊登。

脚踏车

威廉 · 安德鲁斯，伯明翰的自行车制造商，支持了舒特和贝特曼在凯旋创立初期的冒险与创新。

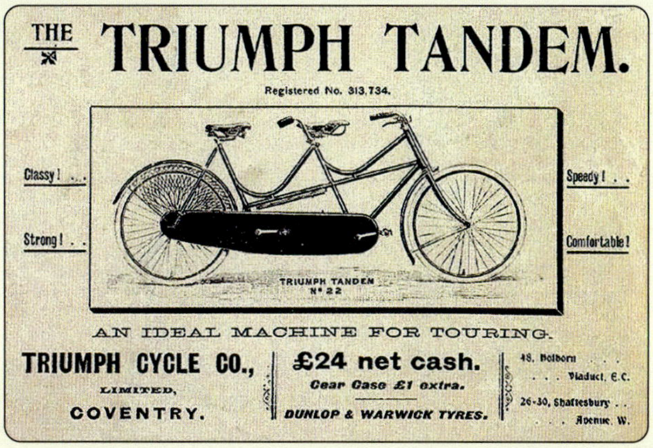

双座自行车

当时，作为个人交通解决方案需求增长的象征，双座自行车在市场上也非常受欢迎，正如这则 1899 年的广告所显示的那样。

朴素的设计

1902 年的首辆摩托设备非常朴素，但其设计极为优雅。

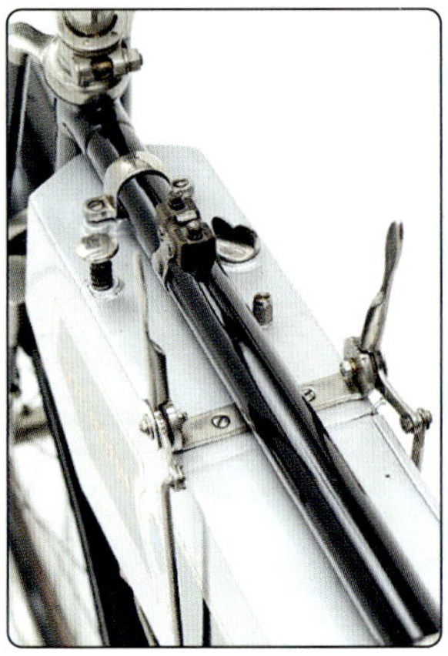

当时，贝特曼的姓氏还一直出现在凯旋公司的商标下方，同时，他还把姓氏中最末的字母 N 去掉，好让名字看起来更加英国化。很可惜，当时德国在欧洲的负面形象或多或少还是对凯旋的产品带来了影响。1890 年，两位合伙人决定自己生产自行车，并将“凯旋自行车有限公司”（Triumph Cycle Company Ltd.）作为旗下产品的统一商标。随着越来越多的投资者注资，他们在考文垂市中心找到一片合适的土地作为工厂厂址。新建的工厂和这片用地一样，属于考文垂市市长。这座建筑直到 1940 年为止都是凯旋公司的总部。

新投资人

贝特曼在欧洲建立的关系网让凯旋公司在考文垂自产的第一批自行车迅速出口到了各地。然而，生产设备需要大量资金投入，公司的预算情况依旧紧张。舒特新招募了两名工程师海斯（Hayes）和哈撒韦（Hathaway）负责监督生产制造。不久，两位工程师之间就产生了分歧，尽管贝特曼作为中间人极力斡旋，想要缓和两人的关系，却未能奏效。最终，海斯离开了凯旋公司，而查尔斯·哈撒韦（Charles Hathaway）则成为生产技术负责人。

舒特对于自行车的热情和哈撒韦高超的技术为凯旋公司的产品赢得了高质量的美名，并迅速吸引了媒体的注意。1891 年开始，公司业务前景一片光明。众多新投资人表现出对公司的兴趣，其中就包括考文垂市市长、工厂的产权人。而未来凯旋公司“Bi Barrell”汽化器的改良者艾伯特·富兰克林（Albert Franklin）也在此时加入公司做了查尔斯·哈撒韦的助手。次年，贝特曼首次前往美国寻找机遇，希望将公司的自行车销往美国。

业务遍地开花

1895 年对于凯旋公司来说是一个关键的时间节点。那一年，邓禄普轮胎（Dunlop）的总经理哈维·杜克罗斯（Harvey du Cros）入股公司。轮胎生意的发展和自行车的行情息息相关，因此他很希望自行车销售市场更为繁荣。他还在英国收购了数家自行车企业，以扩大凯旋公司的网络。同年 3 月 9 日，齐格弗里德·贝特曼正式成为英国公民。数月之后，摩利兹·舒特从德国引进了一台最早实现量产的摩托车 Hildebrand & Wolfmüller。他在考文垂的街上进行了试驾，但对这样的产品体验并不满意……

尽管已经成为英国公民，贝特曼骨子里还是一个德国人。1896 年，他和兄弟西格蒙德（Sigmund）一起在老家附近成立了一家名为维克纽伦堡凯旋的公司 (Triumph Werke Nürnberg，业内称 TWN)，并授权该公司在当地生产凯旋牌自行车。就这样，凯旋公司的生意繁荣起来，直到 1898 年，受原材料紧缺和自行车市场供给过剩的负面影响，凯旋公司陷入亏损，到 1900 年才再次实现盈利。也是从那时开始，贝特曼开始看好摩托车的市场前景，于是启动了引擎研发工作。1901 年，公司成功制作了两辆三轮摩托车原型车，均配有比斯顿自行车公司（Beeston Cycle Company）所产的汽油动力机械。其中一辆原型车被送到了凯旋公司的澳大利亚进口商那里进行潜力评估，但此后就没有了下文。

然而，贝特曼对于摩托车的未来前景坚信不疑。他不惜费尽力气说服凯旋公司的董事会继续进行摩托车研究，终于得到了一点很微弱的支持。1902 年 3 月，第一辆凯旋摩托车在考文垂诞生了，它装配了一台比利时密涅瓦（Minerva）发动机。这辆摩托基于自行车框架改装而成，其上固定了一台排量为 211 毫升的发动机。

1902

“这一年，首辆凯旋牌摩托诞生了。”

密涅瓦

凯旋自行车公司于 1902 年推出了首款摩托并将其投入市场。这款摩托装配了比利时制造商密涅瓦所产的发动机，这一车型也因此得名“密涅瓦”。

自行车

1900 年，密涅瓦将 1/4 马力①的发动机运往英国，使得车辆制造商能够利用其为车子提供动力。凯旋公司在 1902 年使用的那款发动机容量为 211 毫升，从 1903 年开始则上升为 233 毫升。功率接近 2 马力。

① 1 马力 =735.499 瓦。

传动

自行车的踏板被保留下来，方便启动车子，也使得骑手能用它来启动发动机。传动装置中没有齿轮，因此传动主要是依赖一条直接连接曲轴的长皮带实现的。

成功与失败

1902—1936

1902—1907
自 1902 年开始使用的商标。

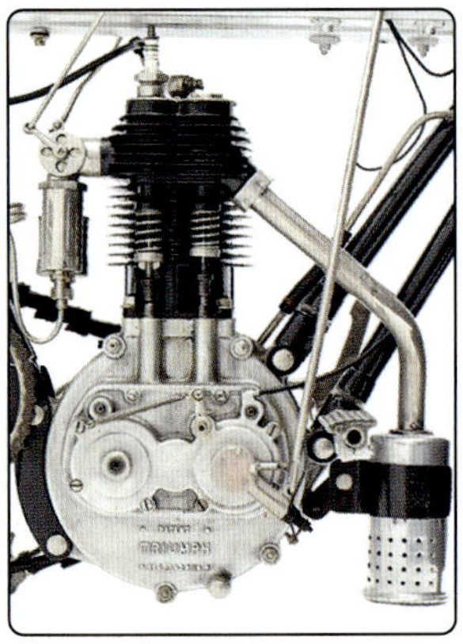

先锋
首台正式的凯旋牌发动机，由查尔斯·哈撒韦于 1904 年为 3HP 组装。

齐格弗里德·贝特曼，这位 1883 年来到英国打拼的巴伐利亚木材商之子、凯旋公司创始人，用他的坚定信念促使未来英国最大摩托车品牌首款摩托车在 1902 年于考文垂投产。次年，凯旋公司推出了新款摩托车，装配着改良后的比利时密涅瓦发动机。发动机旁的两个机械侧阀门（soupape latérale）直径增大，而化油器（carburateur）也换成了有两个喷射器（gicleur）的法国隆格玛（Longuemare）款。发动机通过一条皮带直接与车子后轮相连。1903 年 1 月 14 日发布的一则广告上，这辆摩托车的照片首次被刊登，就这样载入了凯旋公司的历史。几个月后，公司推出的数个新款式则装配了排量 293 毫升的约翰·阿尔弗雷德发动机（J. A. Prestwich, 简称 JAP[1]）。1904 年，凯旋摩托则都装配了排量 376 毫升的德国法夫纳（Fafnir）发动机。

同年，凯旋公司研发了首台自己的发动机。品牌技术负责人查尔斯·哈撒韦是一位资深的工业制图员，他绘制出了其机械构造。目前，已经找不到这台排量 363 毫升、四冲程发动机的存档。不过他的设计灵感很可能源自另一台款式类似的比利时发动机（Saroléa 牌）。

这个大型单缸摩托发动机（缸径 × 冲程：78 × 76 毫米）在 1500 转 / 分钟时可以提供约 3 马力的动力。它的曲轴由滚珠轴承支撑，这是一个此前从未被设计采用过的系统构造，两个阀门由销钉弹簧支撑，化油器由 B&B 公司提供……这辆摩托仍然非常接近于装有小型发动机的自行车，重量仅为 57 千克。它的名称很低调，叫作 3HP。1905 年，该型号的摩托生产了 250 台，全部售罄，每台售价 45 英镑。凯旋因而获得了产品可靠性强的好口碑，而这种良好的口碑在市场竞争激烈（1903 年的伦敦交易展会上共有 376 辆摩托车展出）且路况极差的当时可以说是尤为重要的。当时，汽车也逐渐出现。齐格弗里德·贝特曼也是 20 世纪初首批拥有汽车的英国人之一。

自那时起，凯旋公司聘用了 200 名新员工，销售网络也由此铺开。贝特曼对于技术的部分兴趣较小，因此转而投向商业销售。他将产品生产和新款式的开发都交给舒特负责。也是在 1905 年，凯旋聘请了首位官方车手弗兰克·赫尔伯特（Frank Hulbert），他的主要职责是参加远距离公路耐力赛，当时大奖赛（Grand Prix）还没有诞生。1905 年 5 月 13 日的一场 200 英里[2] 比赛中，他从 23 位参赛者中脱颖而出，位列前五。两年后，他获得了历史上首届旅游杯摩托车赛（Tourist

1 后文对于一些在中文语境中也常以外文出现的品牌、款式名，一般仅保留外文。——译者注

2 1 英里 ≈ 1.609 公里。

1914

这则广告展示了凯旋摩托在 1913 年实现的创新成果，不过图上的车手已经在驾驶一台生产于 1914 年的 Model H。

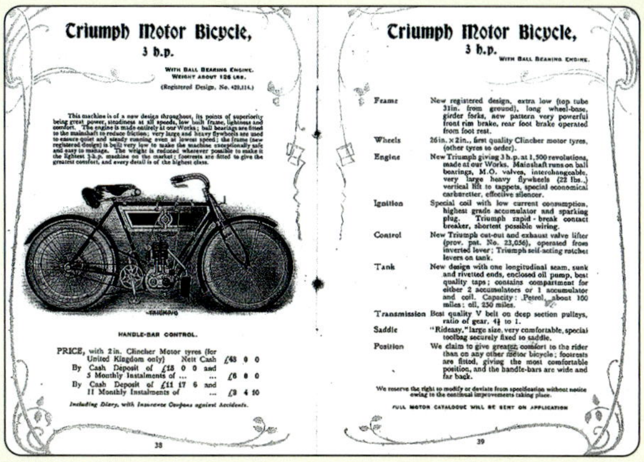

1905

这两张 1905 年产品目录的图片详细介绍了 3HP，首款 100% 由凯旋研发生产的摩托。

1914

一战期间，凯旋公司以“Trusty”牌为名向英军提供了 3 万台 Model H。

工厂

910 年（工厂室内照片）到 1930 年期间，凯旋公司位于考文垂普里奥里街的工厂飞速发展，截至 1929 年的危机之前，凯旋公司员工大 3000 名

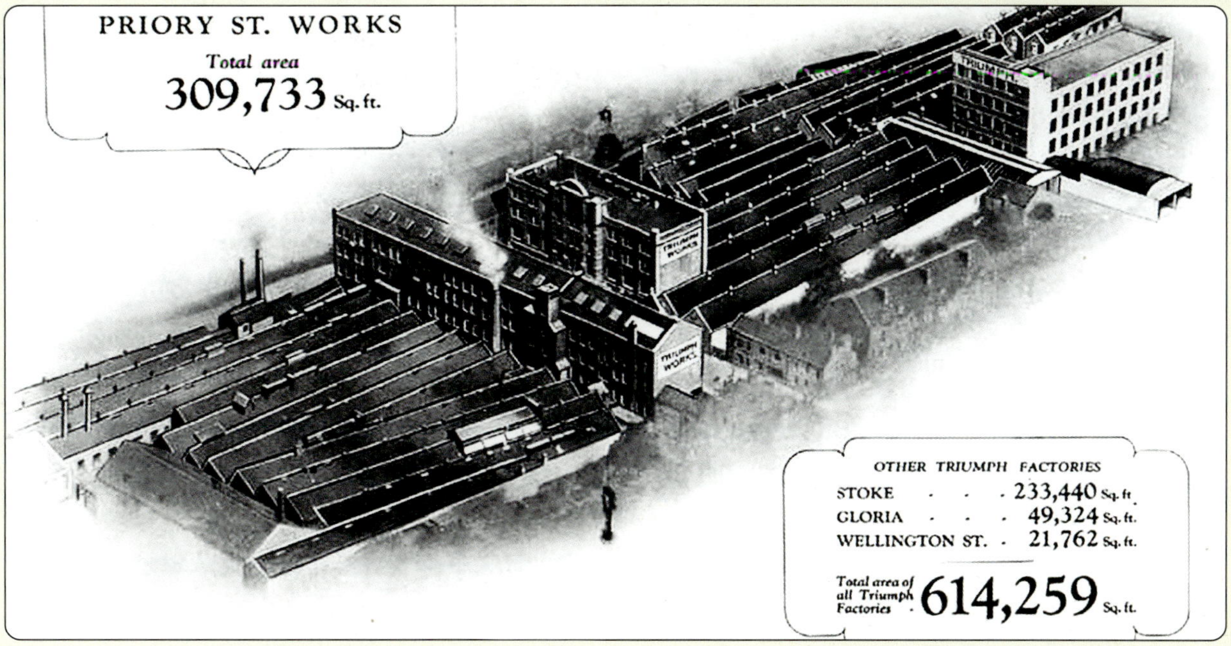

1907—1914

未来商标的雏形。

1914—1922

与福特（Ford）相似度极高的商标。

1922—1932

商标风格回归了1902年左右的样子。

1932—1933

短暂使用了一段时间的商标。

1934—1936

商标的风格逐渐显现，并随着时间推移不断更新。

1930

“本世纪光明的开端过去之后，做生意变得更加艰难起来。”

Trophy）的季军，而他的同组人杰克·马歇尔（Jack Marshall）领先他一位，取得了单缸摩托类别的第二名。此后凯旋牌摩托也以速度和稳定的性能为众人所知，成为主流品牌之一。1907 年，公司的摩托产量增加到了 1000 台。工厂同时生产自行车，也进行了扩建。而同年，齐格弗里德·贝特曼本人当选考文垂市政委员会委员。

3HP 摩托的汽缸容积增加到了 450 毫升，也因此更名为 3.5HP。1908 年，该型号上增加了一个皮带链条传动系统，从而拥有了两种不同的传动方式。杰克·马歇尔正是驾驶该型号的摩托，摘得了凯旋首个旅游杯综合排名的桂冠。

分歧

年轻的凯旋公司在前十年的发展中获得了业界美誉。公司实现了盈利，投入研发了新款式（1910 年推出了一款 500TT）并参加了各类竞赛（旅游杯和公路拉力赛）。贝特曼成为当地的名人，他于 1913 年当选市长。而舒特则痴迷于技术，努力与 BSA 摩托、皇家恩菲尔德（Royal Enfield）摩托、拉奇（Rudge）摩托和哈德森（Hudson）摩托等竞争对手抗衡。1913 年，为丰富产品线，凯旋推出了一款面向新手和女性的摩托，该款车型装配了 225 毫升排量、二冲程的 Junior 型发动机。同时，新车型还装配了二速变速箱，最高时速可达 56 公里 / 小时。这款车直到 1925 年仍在生产。1913 年，凯旋完成了首款双汽缸的研发，那是一款 180° 曲轴、排量为 613 毫升的直列双缸，但由于不久之后第一次世界大战爆发，凯旋在此期间也负责支援，装配该发动机的车型一直未能真正投产。贝特曼结识了克劳德·霍布鲁克（Claude Holbrook）上校，他是英军的车辆采购负责人。凯旋为盟军提供了 30000 台排量 550 毫升的 H 型摩托。1919 年，克劳德·霍布鲁克取代舒特成为生产负责人，因为舒特不认同贝特曼开展汽车生产的野心。舒特离开公司后，凯旋聘用了一位名叫哈利·里卡多（Harry Ricardo）的新工程师。这位新上任的工程师迅速接手工作，并于 1920 年研发出了排量 550 毫升的“弹簧驱动”（Spring Drive, 简称 SD）款式。SD 这台车配置了一个后传动避震器，一个由凯旋制造的三速变速箱和一个新的车架。最重要的是，这台车在传统皮带传动的位置上引入了双链传动机制。此后，一款致敬里卡多、被称为“里西”（Riccy）的车子由此诞生。1922 年，这台车在布鲁克兰兹（Brooklands）赛道上打破了三项速度和耐力的世界纪录！同时，贝特曼为了试水汽车生产，成立了凯旋汽车公司（Triumph Motor Company）。1923 年，凯旋的首辆四轮车诞生了：这款车装配了排量为 1393 毫升的四缸发动机，由工程师里卡多设计，但并不算非常成功。而与此同时，凯旋的摩托车部门一直在继续扩张，1925 年投入商业化的 P 款式每周产量达到了 1000 台。工厂当时已有 3000 名员工，但这种迅速的生产节奏与凯旋备受客户青睐的高质量生产并不相匹配。同时，汽车部门的员工则在不断流失。1929 年的危机又进一步加重了凯旋的预算赤字。凯旋品牌与其自行车业务和德国子公司 TWN 就此拆分。不过凯旋摩托一直生产到了 1957 年。

1932 年，凯旋聘用了竞争对手 Ariel[1] 的工程师瓦尔·佩奇（Val Page）。他更新了 250、350 和 500 毫升的单缸发动机系列，并在 1934 年开发了 647 毫升垂直轴双缸发动机，即 6/1。但这些举措并不足以拯救凯旋。贝特曼于 1935 年申请破产。凯旋的汽车部门被出售，并以凯旋标准公司（Triumph Standard）的名义继续存在。摩托车部门则在 1936 年被 Ariel 公司的老板杰克·桑斯特（Jack Sangster）以 50000 英镑的价格买下。这位新老板将 Ariel 公司的工程师爱德华·特纳（Edward Turner）任命为凯旋摩托的总经理。

1　摩托车界对该品牌未有公认的译名，故后文均直接写作 Ariel。——译者注

1927 TT Racer

在 1927 年的曼岛高级 TT 赛（Senior TT）中，尽管第一圈在牛石 (Creg-Ny-Baa) 转弯处的赛段发生了碰撞，但车手汤姆 · 西米斯特（Tom Simister）还是驾驶这台性能卓越的凯
旋机车获得了比赛第三名。西米斯特骑行完成了七圈，即 264 英里（约 424.8 公里），平均速度为每小时 65.75 英里（约 105.8 公里）。西米斯特不是正式车手，他受雇于改装调试师组

3HP

1905 年

百分百凯旋制造

1904 年 10 月，摩利兹 · 舒特与首台完全由考文垂车间制造的凯旋摩托车合影。他实现了自己的梦想。他利用工程师查尔斯 · 哈撒韦的专业知识，创造了他眼中首辆完全采用单一品牌车架和发动机的英国摩托车。具体是否为首辆这件事到今天已经很难核实，因为这些发动机是由不同的车间共享的。有些人在其他品牌生产的曲轴箱上印上了他们自己的标志。目前看来，3HP 的情况很可能就是这样。它的发动机结构确实与其他两个当时已有的发动机相同。这种单缸发动机可以产生 3 马力，也因此被命名为 3HP（HP 代表马力）。这款发动机适用于需要垂直轴发动机的车架。装配该款发动机的 3HP 系列摩托最高速度为 70 公里 / 小时，在发动机转速为 1500 转 / 分钟时摩托车可以达到极速。这款车 1905 年售价为 45 英镑，车型直到 1909 年还在不断优化。

凯旋 3HP，1905

单缸，4 冲程，风冷，滚轴气门机构，2 气门，363 毫升（78 × 76 毫米），1500 转 / 分钟时有 3 马力，单化油器，皮带二级传动（比率：14 × 22），自行车式钢架，刚性后轴，蹄式制动器，26 英寸车轮装有邓禄普轮胎，续航 100 英里（约 160 公里），干重 55 千克。

Model H
1914 年

可靠的凯旋

在 1914 年之前，凯旋品牌的旗舰车型一直使用“A 型”（Type A）这一朴素的名称。排量 550 毫升的单缸发动机可产生 4 制动马力（制动马力，brake horse power）的动力，并因其便捷可靠的性能而赢得极好的声誉。1914 年凯旋推出的 Model H 设计也正基于此，但在此之上又加入了真正的技术革新，例如新增的施图美爱驰牌（Sturmey-Archer）三速副轴变速箱。在此之前，凯旋的摩托车并没有真正的变速箱。Model H 机车的变速需要靠操控油箱侧面的一个换挡杆手动实现。该发动机安装了一个新的单凸轮轴，取代了 A 型车的双凸轮轴，气门阀头直径也变得更大，但功率仍为 4 马力左右。Model H 因在第一次世界大战中为 2 万名盟军士兵服务而闻名，也为凯旋赢得了“可靠的凯旋”这一闻名遐迩的绰号。这是一辆能够应对任何地形的摩托车。在 1923 年停产之前，共生产了约 5.7 万台。

凯旋 Model H，1914

单缸，4 冲程，风冷，滚轴气门机构，2 气门，550 毫升（85 × 97 毫米），2000 转 / 分钟时可达 4 马力，单化油器，3 速变速箱，皮带二级驱动，自行车式钢架，弹簧前叉，刚性后轴，侧靴式刹车，24 英寸车轮并配备邓禄普轮胎，干重 77 千克。

Model R Riccy

1921 年

从钢到铸铁

很少有发动机工程师能像哈利·里卡多那样高产。自1920 年以来，他一直是凯旋公司的雇员，在进入凯旋之前曾在船舶领域工作，1902 年就开始设计小型二冲程发动机。里卡多专攻发动机正时系统（配气正时和点火正时）的设计，特别是进气系统及其产生的湍流。从 20 世纪初的 SD 型开始，哈利·里卡多着手设计一种新型发动机，其 500 毫升的单汽缸不再像当时习惯的那样由钢制成，而是采用了铸铁缸体。新设计的发动机有四个阀门，两对气门各自互为 90°，由安装在滚珠轴承上的连杆和摇臂驱动。其输出功率可达 20 制动马力，使机车的极速高达每小时 120 公里。当时，这款“里西”被认为是世界上最快的摩托车，赢得了多项速度纪录。哈利·里卡多后来在航空领域工作，但也参与开发了第一款批量生产的柴油汽车，即 1935 年的雪铁龙罗莎莉（Rosalie）。

凯旋 Model R，1921

单缸，4 冲程，风冷，滚轴气门机构，4 气门，排量 499 毫升（80.9 × 97 毫米），4600 转 / 分钟时有 20 马力，单化油器，3 速变速箱，二级链条驱动，钢架，弹簧式“德鲁伊”（Druide）前叉，刚性后轴，前鼓式制动器，24 英寸车轮并配备邓禄普轮胎，干重 83 千克。

500 TT

1927 年

生于赛场

20 世纪 20 年代中期，凯旋摩托在旅游杯摩托车赛上大放异彩，这项比赛在当时已经很有传奇色彩，并且能对风行的量产车型产生巨大影响。然而，当时有一位骑手在没有品牌支持的情况下自己找人改装调试了凯旋摩托参赛。改装师维克·霍斯曼在 SD 型车架上装配了单缸双气门发动机，并取得了良好的效果。随着时间推移，1926 年，他尝试将发动机容量增加到 607 毫升，那时他的改装车已经打破了多项纪录，并在各类比赛中赢得了多次胜利。1925 年，凯旋公司与他接触，开始研究他的技术。第二年，凯旋公司付给他 1500 英镑，希望他能在自己改装车型的基础上设计一个新车型。就这样，凯旋 500 TT 型机车于 1927 年问世。它的单缸双气门发动机由干式油底壳（Dry sump）[1] 技术润滑。在这辆摩托车的设计中，摩托车油箱首次被整合到了车架中，这使得车架的刚性大大增强。

1 一套系统，能实现发动机完全靠压力润滑。——译者注

凯旋 500 TT，1927

单缸，4 冲程，风冷，翻滚式气门，2 气门，498 毫升（80 × 99 毫米），4000 转 / 分钟时 23 马力，单化油器，3 速变速箱，二级链条传动，钢架，平行四边形前叉，刚性后轴，前鼓式制动器，19 英寸车轮并装有邓禄普轮胎，干重 90 千克。

爱德华·特纳，在进步与守旧之间

1936—1966

1936—1989
沿用了数十年的商标诞生了。

1949
凯旋为宣传旗下车子在蒙特赫里赛道打破纪录而刊载的广告。

1949
Thunderbird side-car（“雷鸟边车”）的广告。

在凯旋的竞争对手英国公司 Ariel 将凯旋摩托车部门收购后，著名的工程师爱德华·特纳来到了凯旋。1936 年 1 月，当 73 岁的贝特曼遭遇财务困难时，Ariel 公司的老板杰克·桑斯特收购了凯旋公司。1929 年美国的危机一方面对凯旋的出口生意造成极大负面影响，另一方面也反映在英国的整体经济环境上。凯旋摩托车部门和汽车部门就此分割开来。桑斯特当时进行了一笔融资，以 5 万英镑的价格买下了凯旋摩托车部门，其中包含了其在考文垂的生产设备和 850 名员工。他在从伦敦到伯明翰的火车车厢中与劳埃德（Lloyds）银行的格雷厄姆（Graham）先生进行商谈，最终敲定了这笔买卖。此后，杰克·桑斯特将爱德华·特纳任命为凯旋摩托的总经理及总工程师。特纳过去在 Ariel 工作时也担任这一职位，那时他因开发出四汽缸的 Square Four 和 Red Hunter 款式而闻名。和十年前曾在凯旋工作的哈利·里卡多一样，特纳并非学院派出身。1901 年，他出生于伦敦南部的一个七子之家，在家中排行老三。15 岁时，他曾在商船上担任无线电操作员。他利用业余时间学习机械和唱歌（他的男中音非常好听）。四年后，他开始自己做生意，成了一家名为切普斯托汽车（Chepstow Motors）的小型摩托车经销商，专门经营销售维洛赛特牌（Velocette）摩托。这些创业经历也展现了特纳一生对于摩托车市场和用户的关注和热情。他在 1925 年首次独立设计了一款发动机。那是一个排量为 348 毫升的单缸发动机，带有顶置凸轮轴和一个三速变速箱。三年后，他对其进行了完善，并在此基础上制作了一辆摩托车，将之命名为“特别的特纳”（Turner Special）。谦虚低调不是他的天性。他联系了几个有可能批量生产该款式的摩托车品牌。其中，只有 Ariel 稍稍对他的项目表达了参与的兴趣。同时，杰克·桑斯特邀请他加入由瓦尔·佩奇带领的工程师团队，而后者 1932 年加入了凯旋……当时在英国摩托品牌之间，工程师跳槽的现象很是常见。尽管老板桑斯特对于他的项目持保留意见，在特纳摩托车上实现的几个实验性想法还是为后期 Ariel 公司的四缸摩托 Square Four 研发做了积淀。特纳对双缸摩托有一种特别的崇拜，这种偏好在这台 Ariel 上显露无遗，因为其发动机结构就像两个双缸连接在一起。此外，特纳对直列双缸摩托的这种热情也为他后来指导研发凯旋 Speed Twin 埋下了伏笔。

二十八年的统治

在 Ariel 收购了凯旋摩托之后，桑斯特迅速任命特纳为凯旋公司的负责人，相信他能够带领凯旋摩托重新盈利。特纳则首先提出大幅增加工资，声称否则自己就将离开集团。他获得了从公司

1939

二战前夕，年轻的爱德华·特纳在上图中的字里行间展现了让凯旋参与英军战备的意图和他对美国市场的热情。

Speed Twin（最上方）

1947 年凯旋的产品目录中出现了装配了伸缩前叉和后轮毂的 Speed Twin 型机车。

Thunderbird（中间）

1950 年的 Thunderbird，它的标志被放在了油箱盖附近。

原型

1937 年，该原型被用于研发 Speed Twin。发动机被安装在一款改装过的 Tiger 90 车架上。

20 世纪 40 年代
一些由亚历克斯・奥克斯利（Alex Oxley）设计绘制的广告。

的净利润中分成 5% 的权利！特纳将自己的办公室设在了生产车间，办公室安装了巨大的玻璃窗，能够直接监视工人的工作状态，这也体现了他出了名的独裁性格。他成功说服了 Ariel 的工程师伯特・霍普伍德（Bert Hopwood）加入他的团队。

此外，他还将杰克・维克斯（Jack Wickes）聘用为工业设计负责人。而维克斯也一直在特纳身边待到退休。自此，凯旋公司的产品线更新了。1936 年，公司以每周一百辆摩托的速度恢复了生产。特纳决定更新 Tiger 系列生产线，同时他更改了该系列的命名方式，让款式的名称能够体现其最高速度：如 Tiger 70、80 和 90。同一时间，他启动了 Speed Twin 的研发，而该款式未来将会成为他的成名之作。特纳认为，一款好的摩托车需要符合三项原则：清晰简约、线条对称、拥有动态之美。这解释了他有时略显极端的审美偏好，例如凯旋在 1959 年推出的 Bonneville 系列机车。1938 年发布的 Speed Twin 恰恰拥有特纳赞赏的以上所有品质。此外，特纳对于那些唯一目的就是精益求精不断改良的项目嗤之以鼻。他认为这种做法会导致品牌逐渐脱离市场需求。特纳还非常重视制造成本，因此往往倾向于使用可以安装在多款车型上的机械部件。这在后来被称为模块化的研发。另外，他希望保持敏锐的市场嗅觉，总是积极了解社会上的潮流趋势，以便满足未来的市场需求。除此之外，特纳不愿意参与和赞助昂贵的摩托赛事，而这种保守的选择有时并不明智。如果说以上这些特征解释了凯旋公司在 40 年代的耀眼成功，那么它们同时也导致了凯旋公司在后来做出一些令人质疑的选择。例如，凯旋公司拒绝为 1938 年试图驾驶凯旋冲击速度纪录的伊凡・威克斯蒂德（Ivan Wicksteed）提供机车改装，导致后者被迫从经销商那里自费购买了一辆 Speed Twin，并请来改装师马吕斯・温斯洛（Marius Winslow），为车子安装了一个阿诺特增压器，最终在布鲁克兰兹成功打破了速度纪录。然而，改装后车子的优秀表现立马引起了特纳的兴趣。几年后的 1949 年，特纳在法国蒙特赫里赛道展示新 Thunderbird 的可靠性：其中三台机器以每小时 90 英里的平均速度行驶了 500 英里。而最重要且致命的是，爱德华・特纳从未真正为工厂的生产设备投资，而这些设备在20世纪60年代末就已经过时了。同样，出于一种奇怪的自豪感，特纳一直不愿意研究新的发动机架构，坚持使用 Speed Twin 的双缸基础，Bonneville 系列就是在此基础上开发的。尽管他在 1966 年参加了四缸发动机的研究，但那只是迫于本田发布了一款新的四缸发动机的压力。爱德华・特纳于 1963 年离开了他的总经理职位，成为 BSA 集团[1] 的外部顾问，直到 1966 年退休。同时，Speed Twin 也从产品目录中撤下。他继续关注他最后一个项目的发展，即他在离开那年设计的凯旋 Bandit。据特纳说，这是一辆装有 350 毫升双引擎的摩托车，能够对付日本的竞争者，他当时仍对流行的摩托车有感情。但工程师伯特・霍普伍德和道格・赫勒对该型摩托的盈利能力持保留意见，因此其设计被推迟。1971 年只制作了几辆。今天，全世界只知道有五辆模型存在。它是凯旋公司财务状况不佳和工程团队内部斗争的受害者。伯特・霍普伍德经常与爱德华・特纳发生激烈的争吵。

1959
“Bonneville 的发布标志着特纳时代的巅峰。”

1 凯特公司自 1951 年以来一度由 BSA 拥有。

Bonneville T120

特纳自己选择了1959年首款Bonneville的配色。然而这种配色对其销量没有起到什么正面作用。

Tigress TW2

特纳怀着让更多人接触到摩托文化的意图设计了这款踏板车，它装配了250毫升排量的双缸发动机，外观美丽。可惜的是并没能取代韦士柏（Vespa）和兰美达（Lambretta）机车的地位。

T20 Tiger Cub

1954年，这款小小的200毫升单缸摩托和T15 Terrier同时推出，意在吸引摩托新手。图中为1959年的款式，装配有一个齿轮指示器。

TRIUMPH

Speed Twin 5T

1938 年

典范

先锋

1938 年 Speed Twin 5T 标志着爱德华 · 特纳掀起了双缸摩托的热潮。

Speed Twin 5T，1946 年

凯旋 Speed Twin 5T 彻底改变了英国摩托车界。其巧妙的技术使多缸发动机从 1938 年起流行开来，为此后 30 年的大部分摩托车生产奠定了基础。如果我们穿越时光回到过去，在 1935 年英国主要城市的街道上骑行，我们将会看到很多带有手动换挡装置的单缸摩托车。当时，双缸发动机乃至四缸发动机都已经被研发出来，但大多数人还是更偏好单缸发动机摩托，因为它们价格低廉、重量轻并且易于维护。此外，英国社会的风气非常保守，女王的子民们往往会以蔑视的态度看待他们不了解的新事物。指导 Speed Twin 设计的奇妙直觉是要改变彼时大众的喜好，同时为现代双缸机奠定技术基础。

爱德华 · 特纳于 1936 年在 35 岁时加入凯旋公司，他的天赋不仅仅在于其对工程技能的掌握。他非常了解英国的摩托车市场，主张优先采用能降低生产成本的技术。凯旋 Speed Twin 5T 的研发正是这些能力综合在一起的结果。爱德华 · 特纳刚被杰克 · 桑斯特任命为凯旋的技术总监，就开始试图研发一种能吸引英国骑手的双缸摩托车。他没有使用凯旋 6/1 发动机，也就是工程师瓦尔 · 佩奇在 30 年代早期设计的 649 毫升（70 × 84 毫米，确切地说，是 646.2 毫升）的双缸发动机，而是从头开始设计了一款全新的发动机。

›

1945

推出七年后，Speed Twin 受益于凯旋对 Tiger 100 型做的改良，换掉平行四边形前叉转而安装上了伸缩叉。

Speed Twin 5T

“Speed Twin 在凯旋的产品目录中保留了 28 年之久。”

Speed Twin, 1938

双缸直列，4 冲程，风冷，翻滚式气门，每缸 2 气门，498 毫升（63×80 毫米），6000 转 / 分钟时 28 马力，4000 转 / 分钟时 4.5 牛 · 米，24 毫米 Amal 牌化油器，4 速变速箱，二级链条传动，钢架，平行四边形前叉，刚性后轴，鼓式制动器（前 170 毫米，后 178 毫米），前轮胎 3.25×20，后轮胎 3.5×19，干重 161 千克。

徽章

曲轴箱上有标志性的凯旋徽章。1938 年的 Speed Twin 上标记了型号名称和专利号。

魔术

由于此前凯旋品牌遭遇了重大的经济危机，特纳希望能重振其生意。为此，他开发了一个 498 毫升的双缸发动机，其特性接近于单缸发动机。这一发明正是后来 Speed Twin 取得巨大成功的基础，Speed Twin 在被正式推出之前被称为 T 型车。该发动机采用了一体式铸铁缸体。锻造的连杆是由航空工业中使用的一种特殊铝制成。正时是通过连杆和摇臂来实现的，由两个凸轮轴控制，通过齿轮驱动。带有垂直密封面的发动机曲轴箱包含一个曲轴，曲轴设置为 360°（两个活塞同时上升和下降），没有中央轴承，但由于其配重而达到完美平衡，所以它不会产生多余的震动，而这种震动恰恰是当时的双缸机经常出现的问题。最重要的是，它使获得一个狭窄的发动机成为可能，乍一看类似于单缸发动机。更妙的是，它的重量比借用底盘的 500 型车少 3 千克。它的动力并不惊人，只有 28 马力，比单缸的凯旋多出两匹。最后，Speed Twin 5T 的价格只有 75 英镑，与四年前发布的 6/1 双缸摩托的价格相同。这辆车保留了单缸的易操控性，又因其双缸的设计获得了平稳性。此外，它的性能也令人印象深刻，正如《摩托车》杂志在 1937 年 10 月进行的首次测试所证明的那样，当时 Speed Twin 5T 的最高时速为 150 公里。它在 1937 年 11 月的伦敦摩托车展上展出。这款车刚一亮相就获得了成功，但其生产很快就被第二次世界大战打断了。1940 年，考文垂的凯旋工厂被炸毁，然后凯旋积极参加了战争行动。到 1942 年，位于梅里登（Meriden）的新工厂已经准备就绪。四年后，Speed Twin 5T 再次受到关注，作为英国最畅销的摩托车登上了榜首。它产生了许多变化，从 1939 年的运动型老虎 T100 和 1946 年的 Triumph 3T Deluxe 开始，排量缩小到 350 毫升。它的机械基础也是 1950 年出现的 650 Thunderbird 的基础。其辉煌的职业生涯一直延续到 1966 年！

›

测速仪

1938 年 Speed Twin 上 Smiths 牌的高级测速表：速度显示为白色，根据齿轮比，发动机速度显示为绿色，通过橙色标注的齿轮传动比计算。

1955

1955 年，Speed Twin 经历了自 1945 年装配伸缩叉之后最大的改动，装配上了一个后摇臂和两个 Girling 减震器。不过 5T 车型优雅的气质并没有改变。

MILES-PER-HOUR
R.P.M x100
SMITHS
BRITISH MADE
4TH 3RD 2ND
10 20 30 40 50 60 70 80 90 100 110 120

TRIUMPH

T100 Tiger

1939 年

仿赛

1939

作为 Speed Twin 的运动版本，Tiger 系列也使用了相同的 5T 双缸发动机，可选配镀铬工艺。

T100 Tiger 1939
“超强的性能。”

“凯旋 Tiger 100 是一款超高性能的仿赛，它的发动机经过特别调校，能够充分满足骑手高速驾驶和远行的需求。同时，它还保留了凯旋其他型号的稳定性和灵活性，在不需要高速行驶的时候，也能为骑手带来非常舒适愉悦的骑行体验。”以上引自 1948 年凯旋 Tiger T100 广告对这款车的描述。这段话完美地概括了 1939 年发布的 T100 Tiger 在当时所代表的意义。三年前，也就是 1936 年，爱德华・特纳被任命为凯旋的总经理和总工程师。特纳上任之后着手对当时的单缸摩托进行现代化改造，将其更名为 Tiger 70、80、90 之后，又于 1938 年推出了 Speed Twin 5T 500。第二年，他又在 Speed Twin 5T 500 的基础之上推出了一个更有吸引力的运动版：Tiger T100。这款新车装配有被大幅优化后的发动机，498 毫升垂直四冲程双引擎，调校到 360°。缸体用 8 个螺栓固定，而不是 4 个；管道被抛光，曲轴和连杆被加强；锻造活塞的裙边被缩短，压缩比被提高。安装了一个新的飞轮。在 1 英寸 Amal 化油器的推动下，T100 的动力输出在 7000 转 / 分钟时达到 34 制动马力，而 Speed Twin 在 6000 转 / 分钟时为 28 制动马力。油箱从 3 升增加到 5.4 升，T100 Tiger 受益于新的车架和更开放的转向几何结构，稳定性大大增强。此外，许多美学和外观上的改进使 T100 显著区别于 5T，包括漂亮的镀铬油箱、银色油漆和金属徽章。燃料箱的容量为 21.6 升，而 Speed Twin 的容量为 19 升。不幸的是，1940 年 11 月 14 日，德国人的轰炸摧毁了凯旋位于考文垂普里奥里街的工厂，生产也被迫停止。1941 年，特纳开始在距离考文垂约 8 公里的梅里登建造新工厂。为数不多的 T100 Tiger 摩托被送往美国，并在那里获得了大量媒体关注。

T100 Tiger, 1939

双缸直列，4 冲程，风冷，喷射点火，498 毫升（63× 80 毫米），7000 转 / 分钟时 34 马力，Amal 牌化油器，4 速变速箱，链条驱动，钢架，平行四边形前叉，刚性后轴，鼓式制动器前后均 178 毫米（7 英寸），20 英寸轮胎（前轮 20 后轮 19），干重 161 千克。

辉煌的职业生涯

1945 年 11 月，凯旋终于真正恢复了生产。当时的 T100 仍然是凯旋的旗舰产品，并且公司也在不断对这款车进行改进。1945 年，凯旋为 T100 增加了一个伸缩叉，而不是平行四边形的叉子。薄而不硬，尽管有新的 19 英寸前轮（而不是 20 英寸），但它并没有解决细腻的操作问题。1948 年，Tiger 系列换上了悬挂轮毂的后轮，以弥补没有悬挂系统的刚性车架。1949 年，工程师将机车的仪表板从油箱处移到了头灯舱位置，这也成为该时期凯旋摩托的典型特征。由于这款车被誉为当时速度最快的 500 型机车之一，并在许多比赛中取得了优异成绩，以美国为首的摩托车市场对 T100 Tiger 机车的需求非常旺盛。1950 年，凯旋对 “Thunderbird 6T 650” 做出了改进，而 Tiger 机车也从中受益。由于美国市场对机车性能的追求很高，凯旋工厂开发了一组用于竞赛的套件，套件中主要包括阿玛勒牌（Amalgamated Carburetters Ltd.，后文简称 Amal）双化油器，令摩托极速能达到 192 公里 / 小时。此后，在 1954 年，凯旋推出了一款缸体更大的 Tiger 机车：T110，配备有 6T 型的 650 毫升双引擎。在 1953 年的 ISDT（International Six Days Trial 国际六日赛）比赛上测试了摆臂的有效性后，T100 和 T110 都采用了这种悬挂元件。它不仅改善了操控性，还更新了摩托车的外观。1959 年，带有独立变速箱的 T100 不再生产，T120 Bonneville 650 款机车则横空出世，这是一款双化油器的 Tiger 110。尽管如此，实际上 T100 Tiger 的时代一直持续到 20 世纪 70 年代初。在 1960 年至 1963 年间，它既是一辆旅行巡航车，又是一台成功的赛车，1966 年、1967 年，巴迪・埃尔莫（Buddy Elmore）和格雷・尼克松（Gary Nixon）两位车手驾驶着它赢得了 Daytona 200 英里的比赛，其双化油器版本由杰出的工程师道格・赫勒（Doug Hele）开发。在美国，它还被改装成带有凸排气管的越野车（T100C）。直到 1969 年三缸 Trident 系列出现后，T100 才退出历史舞台。

大胆的
蓝色和黑色涂装的 T110 不仅是美丽的，而且由于其动力高达 42 马力，成为凯旋有史以来性能最强的车型。

T110 Tiger 1954
“当时最快的摩托。”

成功
能够达到 175 公里 / 小时最高时速，T110 很快就在美国获得巨大成功，那里的市场追求越来越强的性能。

TRIUMPH

TRIUMPH

T100R GP

1946 年

人的历史

历史性的

1949 T100R GP 的一个精彩示例（右页上图）。同年，骑手悉德·詹森（Syd Jensen）获得了高级 TT 比赛的第五名，这也是凯旋 GP 至此获得的最好成绩。

精巧的创造

著名的 1942 年款 AAPP 发电机（右页下图），弗雷迪·克拉克取出其中的汽缸盖和汽缸嫁接到 T100 Tiger 的基础发动机上，一款真正的凯旋赛事摩托就此诞生。

T100R Grand Prix 是凯旋公司旗下最为优雅的赛车之一，也是凯旋的工程师和开发骑手弗雷迪·克拉克（Freddie Clarke）面对拒绝投资赛车的总经理爱德华·特纳，独自坚持开发的结果。1946 年，克拉克利用特纳到美国进行长途旅行的机会，设计了一款新颖的双缸摩托车。他采用了低矮的 T100 Tiger 发动机，以及为军用航空发电机开发的轻型铝合金汽缸体和缸盖。该发动机拥有独特的方形鳍片和平行排气口。这台双缸发动机由两个 Amal 化油器提供燃料，被安置在一个带有悬挂式后轮毂的 T100 车架上。爱尔兰骑手厄尼·里昂（Ernie Lyons）在恶劣的天气条件下，骑着这辆摩托赢得了 1946 年在曼岛举行的高级曼克斯大奖赛（Senior Manx Grand Prix）。参与开发 Speed Twin 的工程师之一伯特·霍普伍德记得特纳的反应：“当特纳从美国回来时，他才发现一款新车已经诞生，这款车其实很令他满意。尤其是我们在美国的经销商要求提供这种类型的机车，并且特纳已经承诺迅速解决这个需求。尽管如此，他还是狠狠地责备了克拉克，对我也非常严厉。”不久之后，克拉克辞职，加入 AMC（Associated Motor Cycle Group）担任开发部主管。他于 1947 年在一场交通事故中去世。此后不久，霍普伍德得到了担任诺顿公司设计经理的工作机会，他接受了这份工作。不过，车子在里昂获胜后，凯旋又接连生产了 9 辆 GP 车型，此后更名为 MKI 车型。MKII 版本则于 1948 年 5 月推出。特纳被说服，派出 6 辆摩托参加了当年的旅游杯比赛：不幸的是没有一辆完成比赛，这导致特纳的地位遭到了挑战。T100R 则进一步取得成功，并在凯旋的产品目录中一直保留到 1950 年。最后，作为克拉克天才的证明，GP 发动机被用于 1949 年的 Trophy TR5，该车连续三年赢得了 ISDT。

T100R GP

“一台发动机使得独一无二的凯旋 Grand Prix（大奖赛型）诞生。”

Tiger T100R，1949

双缸直列，4 冲程，风冷，翻滚式气门，498 毫升（63 × 80 毫米），7000 转 / 分钟时有 42 马力，双 Amal 1 英寸 MK6 化油器，独立 4 速变速箱，链条驱动，单分体式车架，加强型伸缩叉，后悬挂轮毂，鼓式前后刹车 203 毫米（8 英寸），轮胎前 20 英寸后 19 英寸，干重 142 千克。

TR5 Trophy

1949 年

成功之名

引诱者

为越野比赛而设计的 TR5 Trophy（右页上图为优雅的 1949 年款）以其多功能性和性能表现赢得了骑士们的心，特别是在美国。

凯旋 TR5 Trophy 历史的开端要追溯到 1940 年。当时，英国军队提出需要轻便但性能可靠的摩托，凯旋就根据这一需求生产了 3TW 型号，为其装配了排量为 349 毫升的双缸发动机。战后，英国经历了一段实行配给制的时期，其中燃料的配给尤为严格。好在为了保留科技发展的动力，政府允许将少量汽油用于竞赛。因此，在选择参加越野比赛的车型时，凯旋公司放弃了单缸的 Tiger 250 和 Tiger 350，希望借此机会证明新研发的双缸车型的质量。但很快，人们发现 Speed Twin 和 Tiger T100 过重了。凯旋公司于是选择了 3T 这款车，它不但轻便，也好准备。在全国赛事中的胜利很快到来。1948 年，凯旋公司决定参加女王赛事，即在意大利圣雷莫（San Remo）举办的国际六日赛。凯旋很清楚，在此类国际赛事中，仅凭 17 制动马力的 3T 是不足以获胜的。两年前，瞒着爱德华·特纳，工程师和骑手弗雷迪·克拉克 (Freddie Clarke) 在 T100 Tiger 的基础上设计了一款新的双缸发动机（T100R GP），但采用了飞机发动机的铝合金缸体和缸盖。更轻、冷却能力更好，这款双缸被安装到 3 辆 Speed Twin 摩托上。凯旋的骑手杰弗里斯（A. Jefferies）、盖默（A.F. Gaymer）和阿尔维斯（P.H. Alves）驾驶着这 3 台车，分别获得了 ISDT 的金牌和两个制造商奖中的一个。随即，凯旋发布了一则广告来赞扬这一巨大的成功，在页面底部写道："1949 年新款 Trophy 将限量发售，以保持出品高质量机车。"从此次赛事中脱颖而出的车子被命名为"Trophy TR5"（奖杯 TR5，因获奖而得名），并且其表现此后被证明远远好于在圣雷莫使用的 Speed Twin 型摩托。1948 年 11 月，Trophy 在伯爵宫的展会上首次亮相，但直到 1949 年 1 月才开始生产。它为凯旋公司赢得了 1949 年、1950 年和 1951 年的 ISDT 赛事冠军。此外，这款机车销量很好，也取得了商业上的成功，特别是在美国市场大受欢迎。Trophy 机车轻巧而有力，为当时的摩托车手提供了极大的驾驶乐趣，平时他们可以骑着它上班，周末则可以驱车参加越野赛。1950 年的 TR5 是最后一款将铬合金水箱作为标准配置的凯旋车型（直到 1981 年为纪念戴安娜和

身份

发动机盖上的铭牌标明型号。

TR5 Trophy

“ TR5 Trophy
重新定义了高性能
和轻巧。”

TR6

查尔斯王子的婚礼而发布的 T140 “皇家婚礼” 款）。1951 年，它放弃了具有方形轻质合金缸体的 Grand Prix 型发动机，而采用了标准的 T100 发动机，这使其重量增加了 9 千克。1953 年，在捷克斯洛伐克的戈特瓦尔多夫举行的 ISDT 比赛中，吉姆・阿尔维斯驾驶着安装了 650 双缸和摇臂的 TR5，再次为英国车队斩获胜利。1954 年的 ISDT 上，TR5 再次赢得金牌。次年，美国进口商比尔・约翰逊将一辆 TR5 送给车手巴德・埃金斯（Bud Ekins），后者参加了加泰罗尼亚（Catalina）摩托车大奖赛并夺得冠军。几年后，埃金斯在电影《大逃亡》（*The Great Escape*）中担任史蒂夫・麦奎因（Steve McQueen）的替身特技演员，驾驶着 TR5 进行了著名的摩托车跳跃特技表演。

TR6 的诞生

1956 年，凯旋公司将双缸 T110 组装到了 TR5 上，TR6 就此诞生，这款车型专为喜好大功率摩托的美国市场设计。TR6 的功率达到了 42 马力：这样的功率非常适合参加以长距离为特征的美国摩托赛事，比如横穿加利福尼亚州莫哈韦（Mojave）沙漠、长度达 120 公里的 Big Bear Motorcycle Run 赛事。这一赛事以高难度著称，在参赛的 900 名骑手中，经常只有 80 名能够抵达终点。1956 年的 Big Bear 比赛中，比尔・博斯特尔（Bill Postel）、巴德・埃金斯（Bud Ekins）和阿尔文・考克斯（Arvin Cox）驾驶着他们的 TR6 成功抵达终点，加入了胜者行列。1957 年，Big Bear 比赛的前 12 名均被 TR6 包揽，其中巴德・埃金斯获得冠军，并且前 25 名中有 20 名都驾驶着 TR6！ 1958 年，情况也基本相同：罗格・怀特（Roger White）获得了大赛冠军，而前 10 名中有 8 名被 TR6 包揽。此后，凯旋公司丰富了 TR6 系列的子款式，并加上字母将出口至美国的车型加以区分。 长途的 TR6 A 被更名为 Trophy-bird，而 TR5 B 和 TR6 B 扰流板版本则增加了后来饱受诟病的 “Slick Shift” 自动离合器系统。1959 年，TR5 从凯旋的产品目录中消失了。它仅在 1961 年重新出现在美国，配备了双缸引擎并集成了变速箱。

TR5 Trophy” 1949

双缸直列，2 冲程，风冷，翻滚式气门，498 毫升（63 × 80 毫米），6000 转 / 分钟时有 25 马力，Amal 化油器，独立 4 速变速箱，链条驱动，单分体式车架，伸缩叉，鼓式前后刹车 178 毫米（7 英寸），轮胎前 20 英寸后 19 英寸，干重 134 千克。

TR6 Trophy
“明星！”

Pre-Unit

图中为 1958 年款 Trophy，该款式直到 1962 年都保留着分离式双缸的结构。

TRIUMPH

TR6 SC

1964 年

沙漠雪橇

雪橇

设计用于越野骑行，1964 年的 TR6 SC（右页上图）两侧配备了大灯和无消声器的排气管。

成功

得益于 C 款和 SC 款的成功，TR6 成为一个畅销系列。到 1967 年，该系列占凯旋公司在美国销售的 30% 左右。1972 年，该系列从产品目录中消失。1967 年的 TR6 C（右页下图）为 37 年后诞生的 Bonneville Scrambler 提供了灵感。

凯旋 TR6 机车诞生于 1956 年，当时，Thunderbird 的双缸 650 发动机被移植到了 TR5 中，TR6 就此诞生。该系列最初的名字叫作 Trophybird，1961 年改名为 Trophy。同年，TR6 C 的叫法也在美国出现，指的是带有凸起排气管的越野版。1963 年，在史蒂夫·麦奎因拍摄电影《大逃亡》（*The Great Escape*）时，TR6 装上了二速集成变速箱。史蒂夫·麦奎因学习过机械，同时又是赛车运动爱好者，坚持要在影片中加入摩托车特技场面。由于他不被允许做驾驶摩托车跳过铁丝网的动作，他请来了友人巴德·埃金斯作为特技替身演员，在 1961 年的拍摄中表演该特技。在拍摄期间，这位骑手还抽空参加了捷克斯洛伐克的 ISDT 比赛并取得胜利归来。随后，史蒂夫·麦奎因决定参加下一届比赛。1964 年，美国进口商约翰逊汽车公司收到应他们要求设计的 TR6 SC Trophy Specials，推出该款式主要是为了满足那些参加沙漠赛车车手的需求。TR6 SC 款与 TR6 C 款相比其实改动很大。TR6 SC 款的两侧均装有高大的排气管、短小的铝制挡泥板和一个名为“能量转移”的可能不是世界上操控性最好的 Scrambler，但它比金刚（King Kong）强得多，而且它不止一次证明，骑着大功率机车，车手可以靠纯粹的力量压倒性地击败任何对手，哪怕对手的骑行技术非常精妙。史蒂夫·麦奎因参加了 1964 年在东德埃尔福特举行的 ISDT 比赛，他驾驶着一辆 TR6 SC 参加了由美国顶级车手组成的车队，成员有：巴德·埃金斯、他的兄弟戴夫·埃金斯、约翰·斯蒂恩和克里夫·科尔曼。这次比赛中，史蒂夫·麦奎因在第三天撞车，巴德·埃金斯在第二天受伤，戴夫·埃尔金斯（T100 SC）和科尔曼（TR6 SC）则各获得一枚金牌。TR6 也从此变得更受欢迎。

TR6 SC & TR6 C

“ 这些款式出其不意地赢得了美国市场的青睐。”

TR6 SC ，1964

双缸直列，4 冲程，风冷，翻滚式气门，649 毫升（71 × 82 毫米），6500 转 / 分钟时有 42 马力，Amal 化油器，独立 4 速变速箱，链条驱动，单分体式车架，伸缩叉，前摇臂式，鼓式制动，前 203 毫米（8 英寸），后 178 毫米（7 英寸），轮胎前 19 英寸后 18 英寸，干重 165 千克。

TRIUMPH

Twenty One

1958 年

浴缸型整流罩

美感

Twenty One 是一款超越时代的摩托。今天的人们能够欣赏这款车简约的风格，但在车子推出的年代，人们对其批评居多。

尽管爱德华·特纳在 1938 年推出的 Speed Twin 5T 很成功，但他并没有放弃研发小排量摩托车及发动机。1947 年，在巩固了凯旋的市场地位后，他推出了旗下最畅销的 350 毫升 的 3T 版本，这是战争前 Tiger 85 的进化版。1952 年，它被 T15 Terrier 取代，这是一款 149 毫升、干重 79 千克的小型单缸车。T15 直到 1954 年才投入量产，同时还有在同一基础上制造的 T20 Tiger Cub 200。尽管存在一些可靠性问题，但这些款式的机车成为许多车手的启蒙车型。1957 年，受苏伊士运河危机的影响，英国的摩托车销量出现下滑。爱德华·特纳确信自己知道市场需要什么，因此他试图通过提供可靠、简约和廉价的款式来吸引更多人驾驶摩托。他做出了许多创新的尝试：一款名为“母老虎”的踏板车（Scooter），由 BSA 集团生产（凯旋公司自 1951 年以来一度由 BSA 拥有）；双单元（集成变速箱）的开发；以及名为“Slick shift”的自动离合器系统，该系统被证明是场失败。特纳将该项目委托给前劳斯莱斯公司的工程师查尔斯·格兰菲尔德（Charles Granfield）。就此，非常前卫的浴缸型整流罩诞生了，整流罩包住了车尾，很好地为车手提供了保护。该整流罩还有一个可翻转的座椅作为配套，方便车手接触到工具箱、线圈、电池和机油加注盖。第一辆采用这种压制金属整流罩的摩托车是 Twenty One。这款车（T21）原定于 1957 年推出，最后直到 1958 年才开发完成，其尺寸为 350 型（21 立方英寸），源自 Tiger Cub，采用单引擎和 17 英寸车轮，以保持较低的座椅高度。1959 年，T21 被重新命名为 3TA Twenty One，和凯旋 Speed Twin 5TA 一起被作为凯旋公司推出的新 C 系列的补充。然而 3TA Twenty One 并未获得成功，1960 年装上了浴缸型整流罩的 Tiger 110 和 Thunderbird 也并未获得大成功。尽管多年来凯旋对浴缸型整流罩进行了改进，但它仍旧饱受批评，于 1966 年与 5TA 和 3TA 一起退出了历史舞台。

Twenty One

“浴缸型设计开创了一种不受欢迎的风格。”

Twenty One，1958

双缸直列，4 冲程，风冷，翻滚式气门，349 毫升（58.25 × 65.5 毫米），6500 转 / 分钟时有 18.5 马力，Amal 化油器，4 速变速箱，链条驱动，单分体式车架，伸缩叉，鼓式前后制动 178 毫米（7 英寸），前后轮胎 17 英寸，干重 156 千克。

进入美国市场
1936—1981

朋友们

上图是麦奎因的朋友巴德。他是一位车手，也是改装师。下图则是1971年的电影《每个星期天》(*On Any Sunday*) 中用到的TR6 SC。

自1936年加入凯旋公司之后，爱德华·特纳就一直希望带领凯旋打入美国市场。他认为在美国，摩托产业有自由发展的空间和机遇。从贝特曼时期开始，凯旋公司就已经开始从事出口业务，但特纳还希望在此基础上更进一步，让公司正式扎根美国。美国人比尔·约翰逊(Bill Johnson)恰好给他带来了这样的机会：1938年，比尔在美国加利福尼亚州的帕萨迪纳市（Pasadena）开了一家名为约翰逊汽车（Johnson Motors）的特许经营车行，生意很好，车行里出售凯旋、BSA、Ariel和印第安（Indian）几个品牌的车。1944年，爱德华·特纳将约翰逊汽车列为凯旋摩托在美国的官方进口商，而在此前不久，特纳的老板桑斯特将Ariel出售给BSA集团，仅留下了凯旋。自1945年起，约翰逊汽车投入了超过8.5万美元，用于修建凯旋在美国的基地并拓展销售网络。爱德华·特纳也前往美国参与了基地的剪彩。这是他首次前往美国出差，此后，他经常飞往美国。到了1946年，凯旋摩托的产量达到9477辆，其中44%用于出口，并且由于战争令欧洲元气大伤，美国成为凯旋主要的出口市场。美国人很青睐凯旋摩托，因为它们比哈雷－戴维森（Harley-Davidson）性能更强且更轻。同时，旗下产品在越野赛中的优秀表现为凯旋的品牌形象戴上了光环。比尔还邀请了一些好莱坞明星进行品牌营销。面对这样的竞争，哈雷向国家谏言，要求提高摩托车的海关进口壁垒。为了克服这一阻力，特纳和桑斯特于1951年1月在美国东海岸成立了凯旋（美国）公司（Triumph Corporation，TriCor），并任命丹尼斯·麦科马克（Dennis McCormack）为负责人。凯旋的部分产品就在美国组装生产。同年还发生了另外两件大事，一是凯旋的创始人贝特曼去世，二是凯旋被以250万英镑的价格出售给了BSA集团。当时，出口到美国的凯旋摩托数量达到了2730台。三年后，凯旋年产摩托约30000台，其中50%出口至美国。同时，还有一些款式是专为美国市场所设计，如TR6 A和TR6 B。而喜好高性能的美国客户还会自行改装摩托。人们经常给Thunderbird 650加装第二个化油器以增加其动力，著名的Bonneville也正是因这一改装技巧而诞生。20世纪60年代，Bonneville在美国市场独领风骚，甚至一度成为高功率车型的行业标杆。1958年到1965年，凯旋在美国卖出了54400辆摩托，这是公司全部产量的约70%！然而与此同时，摩托车行业的另一位强劲竞争对手日本品牌本田（Honda）也在美国发展起来。70年代，随着本田CB 750和川崎Z1（Kawasaki Z1）在美国市场掀起了十年前Bonneville那样的风潮，凯旋在美国的销售遭遇了滑铁卢。当时，本田在美国的市占率高达50%，而凯旋仅为6.9%。到了1981年，凯旋摩托在美国市场仅销售了500台。

特纳和好莱坞

著名的照片，特纳与丽塔·海沃斯（Rita Hayworth）骑着 1948 年的 Speed Twin。

史蒂夫·麦奎因

驾驶着凯旋的麦奎因就是新的自由理想的代名词。

JoMo

比尔·约翰逊（左）与爱德华·特纳在凯旋梅里登工厂前合影。比尔的参与使凯旋公司得以拓展在美国的业务。

1953

马龙·白兰度在电影 *The Wild One* 中驾驶着自己的 Thunderbird 此后凯旋拥有了美丽而叛逆的新形象。

《快乐时光》（*Happy Days*）

在这部美国情景喜剧中，方兹（Fonzie）驾驶着巴德·埃金斯改装的三台 TR5 中的一台。

娱乐圈

与凯旋合影的明星越来越多，从詹姆斯·迪恩（James Dean，如图）到克林特·伊斯特伍德（Clint Eastwood），再到保罗·纽曼（Paul Newman）和埃尔维斯·普雷斯利（Elvis Presley）……这种风潮一直持续到今天。

TRIUMPH

Thunderbird 6T

1949 年

前途远大的雷鸟

传说

右页图中 1949 年的 Thunderbird 6T 上搭载了排量 650 毫升的双缸款式，凯旋的传奇发动机。

1948 年，美国市场成为凯旋公司高层爱德华・特纳发展战略的重中之重。不幸的是，与哈雷－戴维森和印第安牌的摩托车相比，凯旋旗下的 500 Speed Twin 和 T100 Tiger 排量较小，其在美国市场的推广因此受到了一定影响。为此，务实而节俭的特纳决定在现有的凯旋 500 款式基础之上设计一个排量 650 毫升的双缸款式，也就是后来的 Speed Twin 5T。为了应对更大的发动机（冲程从 80 毫米增加到 82 毫米，缸径从 63 毫米增加到 71 毫米）所带来的大扭矩和功率（增加 4 马力，使其达到 34 马力），在新车型中，许多部件都得到了加强，如变速箱和离合器多了两个盘。改良后的曲轴是完全加工过的，汽缸盖上有一个铜垫。同时，由于汽缸上装配了更多散热片，车子的冷却效果也得到了改善。机油系统中，新款车上安装了一个流量更大的泵，机油回流管也被铺设在外部。650 毫升的双缸车完全适配 5T 的车架锚点，因此特纳不需要再额外设计新的底盘。除此之外，特纳一向会利用梅里登工厂内的社会矛盾，为了增加利润，他限制了昂贵的镀铬工艺，选择了带有四条条纹图案的喷漆。传说是以特纳在美国住过的一家汽车旅馆命名的新款式 Thunderbird 就此诞生，于 1948 年 9 月在伯爵宫（Earls Court）车展上首次展出，并于一年后正式上市出售。

缔造新纪录

特纳不太愿意投资参与摩托竞赛，他更喜欢计划中的成就，而不是突如其来的媒体报道和巨大的商业成功。凯旋的新 650 Thunderbird 能以 90 英里 / 小时（145 公里 / 小时）的平均速度行驶 500 英里（805 公里），而特纳决定展示这种惊人的速度和耐力。英国的布鲁克兰兹赛道在第二次世界大战期间遭到了轰炸，因此特纳决定在巴黎地区的蒙特赫里（Montlhéry）赛道进行展示。1949 年

Thunderbird 6T

“从蒙特赫里到白兰度再到博纳维尔盐湖，Thunderbird 系列缔造了辉煌历史。”

TRIUMPH

7 月，第一次尝试以失败告终，因为车子的一根连杆断裂。两个月后，第二次尝试也宣告失败，因为车子所使用的邓禄普轮胎产生了异常磨损。但特纳并没有就此放弃。他随机选择了三台机器，并通过公路把它们运送到蒙特赫里，准备作为演示车辆。1949 年 9 月 20 日上午 9 点 15 分，凯旋公司的试车员亚历克斯·斯科比斯（Alex Scobies）第一个出发，接着是公司的内部车手鲍勃·曼恩（Bob Mann），然后轮到 ISDT 的官方骑手吉姆·阿尔维斯（Jim Alves）。三辆 Thunderbird 6T 成功地跑完了 500 英里，斯科比斯和曼恩的平均速度为 92.23 英里 / 小时（148.43 公里 / 小时），阿尔维斯的速度为 92.48 英里 / 小时（148.83 公里 / 小时）。特纳在媒体上发起了一场大型宣传活动。广告描绘了三名骑手紧握车把驾驶着车子飞速前冲的画面，插图画得很好，但在当时被认为过于激进。不过尽管广告被撤销了，Thunderbird 的可靠性和速度口碑已经建立了起来。

1950 年，美国进口商约翰逊汽车将第一辆 Thunderbird 委托给改装师卡尔·麦克拉（Carl Makela）和唐·艾瑞斯（Don Ayriss）。1950 年在加利福尼亚莫哈韦沙漠的罗蒙干湖（Rosamond Dry Lake）上，鲍比·特纳驾驶着这台又被称为“神奇鸟”的摩托打破了不少于七项纪录，其中一项的速度为每小时 135.84 英里（218.61 公里）。对这辆 Thunderbird 的宣传并没有止步于此。1953 年，电影《飞车党》上映，马龙·白兰度所扮演的黑衣摩托团伙头目也驾驶着 Thunderbird 亮相。当时，比尔·约翰逊认为这是将旗下摩托与暴徒的形象关联起来，对此颇有怨言，但无疑，这给凯旋摩托车带来的宣传效果之强是前所未有的。

1960 年，Thunderbird 也装上了备受诟病的浴缸型整流罩。独立变速箱版本一直持续到 1962 年。1964 年 8 月，当 Thunderbird 的职业生涯接近尾声时，在接受了许多细微的技术修改之后，《自行车世界》杂志仍然对它赞不绝口：“凯旋 Thunderbird 以其绅士般的操控性给我们留下了深刻印象。事实证明，这是迄今为止驾驶体验最好最愉快的摩托。”Thunderbird 6T 型在 1966 年停产了，但在十年前，约翰尼·艾伦和他的 Thunderbird——双缸“雪茄”(Cigar) 摩托在博纳维尔盐湖上跑出了 345 公里 / 小时的速度。

Thunderbird 6T，1949

双缸直列，4 冲程，风冷，旋转式气门，649 毫升（71×82 毫米），6300 转 / 分时 34 马力，1 英寸 Amal 化油器，独立 4 速变速箱，链条传动，单摇篮车架，伸缩式前叉，后悬挂带悬挂轮毂，203 毫米（8 英寸）前鼓式制动器，178 毫米（7 英寸）后鼓式制动器，前后轮胎 19 英寸，干重 174 千克。

Thunderbird 6T

“无论是光滑的还是流线型的，Thunderbird 的外观都很美丽。”

变化

这辆 1961 年的 Thunderbird 装有浴缸型整流罩、一对变速箱和 T110 的单化油器铝制汽缸盖。

TRIUMPH

Texas Cee-gar

1956—1962 年

扑克牌掀起的变革

展览

2003 年 9 月，一场火灾发生在英国伯明翰的摩托车博物馆，摧毁了原始的 Texas Cee-gar，它的全面修复是由经销商 Big D Cycles 负责，该古董的主人是皮特·达利奥，他本人也是大冒险的成员之一。

这款车具有划时代的意义。在跨越凯旋历史并延续至今的对速度纪录的追逐中，Texas Cee-gar 无疑是最重要、最著名的机器。为什么？因为它在 1956 年创造的纪录是摩托车历史上最辉煌的篇章之一，也是凯旋经典车型 Bonneville 命名的灵感来源。这个传说始于 20 世纪 50 年代初，当时美国航空公司飞行员 J.H. "斯托米"·曼厄姆（J. H. "Stormy" Mangham）在与朋友打牌时产生了一个念头，想要打破 1951 年由德国 NSU 摩托车创造的 289.95 公里 / 小时的速度纪录。为此，他设计了一台奇怪的机器，该机器完全是流线型的，从而提高其在空气中穿行的能力。1954 年 9 月，他进行了首次尝试，结果喜人，车速达到了 144 英里 / 小时（231 公里 / 小时），于是他的两位朋友也加入了他的计划，他们是：凯旋汽车经销商皮特·达利奥（Pete Dalio）和著名改装师杰克·威尔逊（Jack Wilson）。1955 年，当 Thunderbird 650 的双缸引擎由硝基甲烷、甲醇和苯的混合物提供动力时，三人将改装后的车子命名为"魔鬼之箭"，并找到了一位年轻的得克萨斯越野赛冠军，请他驾驶他们的红银色流线型赛车。1955 年 9 月，他们在博纳维尔盐湖创造了 193.72 英里 / 小时（310.6 公里 / 小时）的纪录。可惜的是就在次年夏天，驾驶 NSU 的德国人创造了 211.4 英里 / 小时（340.21 公里 / 小时）的纪录。后来，在美国经销商约翰逊汽车公司的推动下，他们于 1956 年 9 月 3 日和 4 日回到博纳维尔，带着经过改装、更名为 Texas Cee-gar 的机车，改装后的机车有着蓝白相间的涂装，正是以他们热爱的得克萨斯州为主题。当时 27 岁的约翰尼·艾伦（Johnny Allen）创造了高达 214.4 英里 / 小时（345 公里 / 小时）的纪录。虽然这个纪录没有得到国际摩托车联合会（FIM）的认可，但它却成为三年后凯旋为新的双化油器 Tiger 110 命名 Bonneville 的灵感来源！

Texas Cee-gar

“这场对绝对速度的追求中，最为传奇的摩托诞生了：Bonneville。”

凯旋其他的流线型原型车

1962 年，乔 · 杜德克 (Joe Dudek) 的 Streamliner 以 224.57 英里 / 小时 (360.49 公里 / 小时) 的速度由 Bonneville T120 twin 提供动力。1966 年，鲍勃 · 勒潘 (Bob Leppan) 的陀螺仪 X-1 (Gyronaut X-1) 由 TR6 双缸提供动力，时速达到 245.667 英里 (394.28 公里)。从 1955 年到 1970 年，除了其中 33 天，凯旋一直保持着“世界最快摩托车”的称号。自 2013 年以来，一款新的凯旋雪茄一直试图打破 2010 年洛基 · 罗宾逊 (Rocky Robinson) 在 Ack Attack Streamliner 上保持的 376.363 英里 / 小时 (605.697 公里 / 小时) 的纪录。Triumph Infor Rocket 由两个涡轮增压 Rocket III 发动机提供动力，约 1000 马力。著名的旅游奖杯车手盖伊 · 马丁在 2016 年 8 月 8 日以 274.2 英里 / 小时 (441.28 公里 / 小时) 的速度进行了测试。不幸的是，恶劣的天气条件阻止了进一步的尝试。这场比拼还在继续……

Bonneville T120

1959 年

传奇

TRIUMPH
TRIUMPH
650 TWIN

原型

1959 年，橙 / 蓝灰配色的首款 Bonneville。

1957 年，凯旋工程部主任在爱德华·特纳毫不知晓的情况下研发了 Speed Twin 车型。他通过设计 Speed Twin 500 双缸发动机而声名鹊起。他还为凯旋公司打开了美国市场的大门，并获得了团队成员的尊重和敬畏。他在设计时主要关注的是可靠性和易用性，他对如何开发能大规模生产的机车有强烈的主见。

和未来的继任者哈利相反，特纳并不会一股脑同意其团队提出的所有技术创新。他确实同意为 650 毫升双缸开发一种新的一体式锻造曲轴。但当凯旋开发经理弗兰克和骑手泰特在 MIRA（汽车工业研究协会）的试验台和开发轨道上测试带有新部件的发动机时，他们并没有将工作结果告知爱德华·特纳。他们的实验性产品实际上是由两个化油器驱动的，正如美国人所要求的那样。而特纳则认为，这除了增加多余的功率之外没有任何好处。这些私下测试的消息传到了美国进口商的耳朵里。他们敦促特纳告诉他们更多关于未来车型的信息。发现真相的特纳非常愤怒。他要求开发者对其做出解释，但发动机的表现非常好，动力增加了 10%，骑手泰特测得的最高时速接近 205 公里。特纳陷入了矛盾之中。一方面，美国人很希望凯旋能推出一款像这样的高性能摩托，另一方面，他对于自己的权威被藐视又感到非常恼火。此外，他还担心过早将这款实验车型商业化会引发问题。

Bonneville T120

“1959 年，Bonneville 的定位是一款仿赛。”

Triumph Bonneville ’ 1959

双缸直列，4 冲程，风冷，翻滚式气门，每缸 2 气门，649 毫升（71 × 82 毫米），6500 转 / 分钟时有 46 马力，4000 转 / 分钟时有 5.1 牛 · 米，双 Amal 化油器，4 速变速箱，链条驱动，双钢车架，伸缩叉，Girling 双减震器，鼓式前后制动，轮胎前 3.25×19，后 4×18，座高 770 毫米，干重 183 千克。

TRIUMPH
TRIUMPH

Bonneville T120 R
“最美的 Bonneville 之一……”

预料之外的成功

当时凯旋的销售主管尼尔·希尔顿（Neil Shilton）站在美国进口商一边，推动特纳同意生产带有新曲轴和铝制汽缸盖的双化油器 650。1958 年春天，特纳组织了一次对新车型的测试。弗兰克的原型是其中之一。爱德华·特纳亲自试驾，但他没能成功启动这台摩托，因为车子的气门出现了故障。他带着讽刺的微笑，把车把交还给了希尔顿。他的权威得到了维护。然而，特纳也承认市场确实有这样的需求，并且未来该摩托能够满足市场的需求。

1958 年 8 月，心存疑虑的特纳最终批准了这个项目。在与两位美国进口商的会议上（一位负责东海岸，一位负责西海岸），他们决定将这一未来的款式命名为 Bonneville。此时距离约翰尼·艾伦在著名的美国盐湖上创造纪录只过去了两年，凯旋仍然期望从中分享一些荣光。Bonneville T120 的生产始于 1958 年 9 月，从编号 020377 的发动机开始，该发动机基于 650 毫升的 T110 Tiger，采用 1958 年的 Delta 铝制汽缸盖。不同的是，新款车配备了一体式的曲轴（安装在所有 1959 年的老式 650 上）、不同形状的凸轮轴和新的活塞以应付更高的压缩比，不过它的 Amal Monobloc 双化油器没有空气过滤器。该款车据称功率为 46 制动马力，转速为 6500 转 / 分钟。它采用了五年前出现的发动机下的单摇臂车架。三周后，这辆车在伦敦伯爵宫展会上亮相。由于生产的过程非常迅速，它甚至没有来得及出现在 1959 年的产品目录中。当时为美国生产了 1100 台该摩托，为欧洲生产了 800 台。

很快，美国市场开始批评 Bonneville 的前刹车功率太小，而且外观老气横秋，测速器像 Thunderbird 那样被纳入大灯灯罩。橙色和灰色为主的配色也不符合美国车迷的口味。不过由于其高性能，这台新凯旋摩托仍然获得了成功。在 1959 年，Bonneville 的定位是一款仿赛型摩托。

独立单元

1960 年的型号延续了 Bonneville 的经典风格，有独立的、现代的计数器和可选配的转速计数器，以及标志性的铬制大灯。最重要的是，一种名为 Duplex 的新型双摇篮车架被安装在整个 650 系列上，当然也包括 Bonneville。在改良后的第一年，它的转向柱变得很脆弱，但这一问题不断得到改进。此后，Bonneville 系列经过不断改良，其中包括 1963 年的一次重大演变。当时，其发动机成为一个独立单元（Unit），曲轴箱包围着下部发动机、初级变速器和变速箱。专家将

性感

1966 年的 Bonneville T120 R，迅速吸引了众多美国摩托车手，被许多专家认为是最美丽的 Bonneville 之一。

美国精神
凯旋 Bonneville Special T140 D 1979（右页图）。这款 750 毫升邦妮的定制风格主要针对美国市场。

统治的结束
1983 年的 750 Bonneville T140W（下图）是最后一款梅里登出产的车。每个汽缸有四个气门，这是 1937 年诞生的发动机的最终形态……

Bonneville 的“独立单元前”（Pre-Unit）时期（1959—1963 年）与“独立单元”时期（1963—1988 年）区分开来。不过，改良后的变速箱仍然有自己的独立于发动机的润滑系统。

同年，Bonneville 的框架也产生了变化，配备了更坚固的转向柱。1963 年车型的标志性特征是连接在车架上的骑手脚踏板。此后，Bonneville 系列出现了不同的特别改装版。如 1964 年的 Thruxton 和 1967 年的 T120 TT（越野车）。从点火器到化油器再到减震器，不同的机械部件更新使该系列不断发展。在比赛中一举成名后，它的销售成绩也蒸蒸日上，并在 20 世纪 60 年代的摩托车历史上写下了浓墨重彩的一笔。1971 年对于该系列也是关键的一年。这一年的版本车架结构完全改变，大直径的中央横梁用以放置油箱。最初，梁式车架的生产非常困难，设计定稿很晚，并且当时是为 BSA 发动机而设计的（当时凯旋和 BSA 属于同一集团）。要将凯旋双缸装入该车架需要很大的工作量，这进一步延迟了生产，给凯旋糟糕的财务状况增添了不少压力。1973 年，凯旋在 T120 的基础上推出了新的 750 毫升 T140（准确地说是 744 毫升）。尽管财务状况岌岌可危，但当时的凯旋不得不应对来自日本车厂的竞争。此外，1974 年和 1975 年，工厂发生了多次罢工。Bonneville 系列还在继续生产，但凯旋却在财务危机中越陷越深。1983 年 1 月，750 TSS 推出，这也是当时最后一款出厂的 Bonneville。直到不久之后，该系列在哈里斯（Les Harris）工厂制造，得以重生（见后文）。

Bonneville T140
“Bonneville 不断发展，成为 T140 的样子……”

TRIUMPH
BONNEVILLE

三缸摩托及其衰落

1950—1983

1974
NVT 集团的广告，试图促进 750 Trident 的销量，然而效果不佳。

20 世纪 50 年代，梅里登工厂里的气氛一片喜气洋洋。销量不断攀升，尤其是出口方面，并且凯旋品牌也以高品质制造美名远扬。工人都很为自己的工作自豪。有些工人一直在梅里登工厂干到了退休。当时的质量负责人弗莱德·威利斯（Fred Willis）一刻也不放松地紧抓生产质量，对发动机曲轴箱、曲轴和凸轮轴等精确性的把关尤为严格。当时，生产车间的成套设施已经显得有点过时，但凭借着工人的高质量工作，工厂的出品还是能达到威利斯的要求。每天，8 辆摩托车从装配线上出品，由包括骑手珀西·泰特（Percy Tait）在内的内部测试人员进行约 300 公里的试骑。爱德华·特纳对凯旋获得的成功感到高兴，但由于在大排量市场上凯旋并没有真正的竞争对手，他更愿意将产量保持在一个合理适中的水平，即在 50 年代年产量约 25000 台。增加产量就意味着需要投资购入新的生产设备。凯旋的母公司 BSA 集团正在蓬勃发展。而特纳很乐于作为品牌的代表出现，特别是在美国市场。至于杰克·桑斯特，虽然他在 1951 年将凯旋卖给了 BSA 集团，但他仍然担任凯旋的总经理。1957 年，他进行了一项新的收购，收购了包括戴姆勒和兰彻斯特客车在内的汽车集团，并指派特纳负责这个不属于他专业领域的项目。1958 年，他将大部分时间用于开发新的戴姆勒 V8 发动机。此外，苏伊士运河危机正在影响英国的摩托车销售，特纳认为，凯旋应该集中精力开发更多的经济适用车型，包括踏板车。与此同时，以本田为首的日本品牌正在继续增加其在美国的市场份额，但凯旋并没有充分认识到它们所带来的威胁。不过特纳在 1960 年确实前往日本考察了几个星期，在那里参观了本田、雅马哈和铃木的工厂。这次旅行是由凯旋在日本的经销商，一家名为 Mikuni 的化油器制造商组织的。这次旅行中的见闻令特纳目瞪口呆，他意识到了日本的技术进步。为此，在 Bonneville 系列（变速箱与曲轴箱分开的版本）大获成功时，他给自己的老板写了一份说明，信中弱化了这一问题："然而，日本车厂专攻小排量车型，对我们的大排量发动机市场似乎没有威胁。"到 1960 年，本田摩托的销量已超过 50 万辆大关，而当年所有英国制造商的销量总和约为 19 万辆，这一数字在 1961 年下降到了 11.5 万辆。

专业

然而，特纳的先见之明并不足以引起 BSA 集团管理层的任何反应，该集团在 1963 年的营业额达到创纪录的 600 万英镑。在原诺顿公司的工程师道格·赫勒（Doug Hele）应霍普伍德的要求

三缸发动机

三缸发动机是 20 世纪 60 年代初被特纳打回的设计理念，但在日本车厂逐渐崛起之后，凯旋也开始开发。

令人印象深刻

Trident 系列的风格没有受到预想中的欢迎。

竞争

脚撑、挡位选择杆和鼓式制动让这款车看上去没有本田 750 Four 那样现代化。

独特

这些独特的消音器被称为“雷枪”（ray guns），发出一种迷人而独特的声音

备受喜爱

与 Trident 相比，Bonneville 仍然是骑手的首选，尽管该系列推出已经有一段时间了。

野性

Hurricane 系列的创新精神在这则 1972 年的广告中得到了完美体现。

加入后，特纳卸下了凯旋总经理的职务。有航空背景的哈利·斯特金取代了特纳。他上任后的第一个决定是提高生产速度，以牺牲质量为代价。不过同时，他确实密切关注了工程师霍普伍德关于未来大型发动机的评论。霍普伍德知道，日本人正在准备更强大的发动机以增加他们的续航。在赫勒的协助下，他已经为未来的 Trident 系列制定了计划。就此，哈利·斯特金同意他们着手开发一个原型，但 BSA 集团的管理层拒绝提供必要的投资，桑斯特于 1965 年离开了 BSA。1967 年，斯特金死于脑瘤，年仅 56 岁。这位优秀的经理受到工人的赞赏，他总是与工程师保持联系并听取他们的建议，有时会做出冒险的决定，但也能够理解摩托车市场的特殊性。但他的继任者却不是这样，比如下一任的莱昂内尔（Lionel Jofeh）。他也来自航空业，在管理决策方面有些固执。1968 年，Bonneville 仍然为凯旋美国市场维持着成功的销量，但这是好日子的最后一年了。本田 CB 750 在第二年问世，尽管凯旋有 Trident 750 的存在，但美国和欧洲部分地区的份额还是遭到了蚕食。BSA 集团也因两个品牌（凯旋和 BSA）之间的内部竞争而受到影响。莱昂内尔试图说服经销商一起销售两个品牌。

然而，顾客和这些品牌的工人一样，一般只对其中一个品牌有偏好，并拒绝看到它们在同一个商店里一起出现。莱昂内尔想把他的决定强加于人，却毫不担心引发反感。1969 年，销售量开始严重下降，尽管依旧创下了超过 46000 辆摩托车的生产纪录。制造质量不再符合 20 世纪 60 年代初的标准，BSA 集团管理层做出了一些不一致、不明智的决定（如开设非常昂贵且无用的 Umberslade Hall 研究中心），生产工具已经过时，日本品牌已经确立了自己的地位。到 1971 年底，五年前还在盈利的集团债务已达到 2200 万英镑！莱昂内尔的管理是灾难性的，尽管凯旋 Trident 在和 BSA Rocket III 的竞争中取得了优异成绩。就这样，重组发生了：裁员、关闭位于小希斯（Small Heath）的 BSA 生产基地（摩托在梅里登生产）、降低销售价格以清理库存。属于该集团的其他场地也纷纷被出售，所得资金被用于投资霍普伍德提出的新款式。这位工程师设计了一款发动机，能够做成三缸和五缸。他还坚持购买奥迪 –NSU 的许可证，为未来的 Thunderbird 三缸 830 毫升汽车生产旋转发动机。这两个项目都没有取得成果。BSA 停止了运营，凯旋在 1973 年加入了一个名为 NVT 的新集团。其主席丹尼斯·普尔宣布他打算将员工人数减少三分之一。随之而来的则是 18 个月的罢工。尽管有国家的援助，NVT 还是没有渡过财政难关，1975 年，凯旋公司落入由 700 名凯旋工人组成的合作社手中。他们希望继续生产 Bonneville，并使其成为顶级车型，但来自日本车厂的竞争太强大了。1980 年，该合作社试图与本田、铃木和川崎形成伙伴关系，但没有成功。1981 年，凯旋推出品牌历史上第一辆大型越野车——配备 Bonneville 发动机的 Tiger TR 7T 之后，一直设法保持这样的状态，直到 1983 年宝马 R 80 GS 上市。

1969

“尽管凯旋生产了创纪录的 46000 台摩托，其销量却严重下降。”

NVT

1973 年，凯旋加入 NVT 集团。1971 年起，Trident T150 在外观上进行了改进，然后在 1975 年的 T160（如图）版本中进行了更深入的改进。

赛事

凯旋品牌经历了巨大的财务困难，但 70 年代同时也是凯旋在竞速比赛中获得巨大成功的时期，无论是在代托纳比赛、旅游杯还是勒芒摩托赛中。

大胆

Hurricane 是当时英国摩托车界一款奇妙独特的车型。

TRIUMPH

Trident T150

1969 年

最终的希望

TRIUMPH
Trident

三叉戟（上图）

1969 年的第一辆 Trident T150（Trident T150）仍然配备了脚踏启动和右脚选挡器。

巨型

Trident T150（以及 BSA Rocket III）的风格设计被委托给 Ogle 公司，该公司设计了油箱外观和标志性的排气声。

20世纪60年代，凯旋的生产主要依据美国市场的需求调整。不过，这些顾客希望获得功率更大、性能更强的摩托。工程师们于是建议研究一种三个汽缸的新发动机。但研发历程并不容易。赫勒和霍普伍德是当时英国最好的两位工程师，之前受雇于诺顿公司，于 1962 年 10 月加入凯旋公司。两年后，他们开始了三缸发动机的研发工作。第一辆原型车 P1 很快就诞生了，它从一开始就表现良好（59 马力）。但这个项目并没有吸引到该品牌保守的总监爱德华·特纳。项目真正实施是在1964年，当时特纳被斯特金取代。斯特金支持霍普伍德的想法，即生产具有模块化设计的发动机，这样，单缸250毫升可以作为双缸500毫升的基础，依此类推。这个想法在很久以后，即1991年，当约翰·布卢尔接任凯旋公司的掌舵人时，又被重新提起。然而，各种原型完成后却无法投入生产，因为投资人不相信这种模式的前景。这主要是因为尽管保留了传统的发动机结构（其垂直分割的曲轴箱是基于特纳在 30 年代创造的第一台发动机），Trident 的三缸发动机只不过是多了一个汽缸的 500 型发动机（3 × 249 毫升 = 748 毫升），这种新模型还是造价很高。车子的曲轴设置为 120°，是根据另一位工程师的建议设计的，该工程师受雇于汽车制造商唐纳德·巴斯托（Donald Bastow），是赫勒和霍普伍德的朋友。他计算出了理想的尺寸（大小、重量、平衡）。发动机保留了传统的翻滚气门。工程师也设计过一个带有简单凸轮轴的原型，但工厂制造时仅产生和设计原型相同的马力，而且这种设计也很昂贵，需要新的曲轴箱与其配用，所以最终没有采用该方案。此外，赫勒甚至使用 Trident

Trident T150 1969
“其三缸发动机标志着新时代的开启。”

Trident T150，1969

3缸直列，4冲程，水冷，每缸2阀门，740毫升（67 × 70毫米），7250转/分钟时60马力，4500转/分钟时5.5牛·米，4速变速箱，链条二级传动，钢架，前叉38毫米，双减震器，单210毫米前盘，2活塞卡钳，178毫米鼓式后制动，前轮胎3.25 × 19，后轮胎4.1 × 19，干重228千克。

设计

杰克·威克斯（Jacky Wickes）设计了新的 Trident 的风格，图中是 1975 年的 T160V 模型。它的灵感来自此前 Hurricane 之父克雷格·维特 (Craig Vetter) 领导的 Bonneville 系列流产项目。由于油箱的巧妙设计，车子形态变得更加优雅。

的零件秘密试验了一个四缸发动机（Quadrant），但管理层对这种类型的动力装置毫无兴趣。三缸发动机排量演变成 900 毫升，然后是 1000 毫升，但此后就没有下一步了。

骄傲

斯特金和团队花了四年时间来开发 Trident，最重要的是，他们说服了凯旋和 BSA 的负责人（这两个品牌在 AMC 控股公司下联合起来）。1966 年，最后的 P2 原型机加速了 Trident 的诞生。它引进了一个新的机油泵、一个汽车用的博格 – 贝克（Borg & Beck）离合器、一个用于中缸的二合一排气管以及一个迷你库珀（Mini Cooper）冷却器。另一方面，业界当时一直流传着本田四缸 750 毫升车型即将推出的消息。凯旋和 BSA 本来是要加速研发的。可惜，年轻的斯特金在 1967 年去世了。不过，凯旋 Trident T150 和 BSA Rocket III 仍然在 1968 年 10 月推出。它们共享同款发动机，即接近 P2 原型车的三缸发动机，但车架却不同。BSA 坚持使用了其 A65 款，将发动机在车架上向前倾斜 15°。BSA 的右侧曲轴箱是一体的，而凯旋的曲轴箱继续将发动机和变速箱分开，用中央的主曲轴箱将它们连在一起。这些奇特的设计是两个公司之间不愉快气氛的结果：尽管两家公司同属 AMC 集团，但 BSA 和凯旋都希望将自己与对方区分开来。这就造成了不必要的生产成本。不幸的是，1969 年，凯旋和 BSA 在美国并不那么成功，这让凯旋原本信心满满的管理层大为吃惊。

表决

美国媒体对新的 Trident 大加赞誉，因其良好的道路操控性。

第二年车子的产量很低，因为需要先将前一年的库存卖掉。然后，本田 CB 750 横空出世。它以其直列四缸、闪亮的铬合金、盘式制动器和电动启动器震撼了市场。三缸 Trident 的设计在其对比之下显得过时，销量也因而受到严重影响。车子带有垂直密封面的曲轴箱对组装工艺的要求很高。工人们不能简单地把元件堆放在一起，而是必须精确地对准各种接头。这些操作工序使加工变得复杂，而用于加工的机床早已过时。多年来，凯旋缺乏对生产设备的投资，导致了这种缓慢、昂贵和低效的制造方式。此外，车子的复杂性也令维护变得烦琐，这款车由此成为一些经销商的噩梦。

五速

Trident 终于装上了左侧有选择杆的五速变速箱。

Trident T160 1975

“T160 经过了现代化改装和重新设计，可惜生不逢时。”

竞速

20 世纪 70 年代初，凯旋 Trident 和 BSA Rocket III 不断取得成功。这台 Trident 配备了著名的罗布·诺斯（Rob North）车架，在 1971 年勒芒赛道上由皮克雷尔 / 泰特二人组带领赢得了金杯。

混乱

1972 年，BSA 消失了，集团内只剩下凯旋一个品牌。同年，Trident 新装配上了五速变速箱和一个 250 毫米的盘式前制动器。第二年，AMC 集团被一个由诺顿（Norton）、维利尔斯（Villiers）和凯旋（Triumph）组成的新集团（NVT）取代。

制造地点、机床和人员的重大变化扰乱了 Trident 的生产，导致凯旋公司无法跟上需求。尽管面临着巨额债务、工人罢工和燃料危机，凯旋公司还是决定做最后的努力，对 Trident 进行实质性的改良。T160 车型就此诞生，从 1974 年 11 月开始生产。为了吸引美国市场，新的 Trident 配备了一个电动启动器、一个速度选择器、更宽的车把和更小的油箱。最重要的是，T160 学习了 T150 和 Rocket III 的优点，包括像 BSA 那样将汽缸倾斜在车架上，同时保留了凯旋的曲轴箱。同时，新款式增加了一个大型空气过滤箱和一个特殊的排气系统，由戈登·布莱尔教授开发，以满足美国的排放标准。但濒临破产的工厂正在削减包括油漆、镀铬在内的一切支出，T160 也受到影响。凯旋也失去了曾经的品牌光环。另外，此后出现的其他摩托车，如川崎 900 Z1 或雅马哈 XS 650 则带来了激烈的竞争。最后一批 Trident 是在 1975 年生产的，其中一些在 1976 年才售出。Trident 的失败不能归因于工程师，他们有无数的创意，而应该归咎于金融家和投资人，在他们的概念里投资意味着赔钱。凯旋不喜欢并且也未能适应日本制造商带来的竞争和强加的标准，最终为此付出了高昂的代价。Trident 系列就是凯旋的天鹅挽歌。

Trident Bol d’ Or 1971

“尽管当时公司陷入财务危机，
Trident 仍旧为凯旋带来了辉煌的时刻。”

LUCAS
LUCAS
SEALED-BEAM QUARTZ-HALOGEN
LUCAS
SEALED-BEAM QUARTZ-HALOGEN
RAY PICKRELL / PERCY TAIT
DUNLOP
TRIUMPH
Castrol
70
EQUIPPED WITH
CHAMPION
SPARK PLUGS

Slippery Sam

1970 年

传奇故事

传奇

英国伯明翰摩托车博物馆中展出的 Slippery Sam。

三人组

在博物馆展出的三台车，带有信箱整流罩的著名 Slippery Sam（右页下图），骑手分别是吉恩 · 罗梅罗（左一）、雷 · 皮克雷尔（中间）、保罗 · 斯马特（右一）。

1970 年，在美国子公司新负责人彼得 · 桑顿（Peter Thornton）的推动下，BSA– 凯旋的董事会同意投资参加摩托车竞赛。一年前发布的 BSA Rocket III 和 Triumph Trident 共享相同的 750 毫升三缸发动机。该发动机由凯旋公司的道格 · 赫勒（Doug Hele）开发，在 8250 转 / 分钟时可以达到 84 制动马力。车架的设计工作则被委托给了罗布 · 诺斯（Rob North）。车子的整流罩则是借用皇家空军的设备开发的。七名车手参加了 1970 年的代托纳 200 英里赛：麦克 · 海尔沃德（Mike Hailwood）、戴夫 · 阿尔达纳（Dave Aldana）和吉姆 · 莱斯（Jim Rice）代表 BSA；吉恩 · 罗梅罗（Gene Romero）、加里 · 尼克松、唐 · 卡斯特罗（Don Castro）和珀西 · 泰特代表凯旋。罗梅罗以平均每小时 251.7 公里的速度顺利拿下杆位，但驾驶本田摩托的迪克 · 曼（Dick Mann）获得了胜利。此后，BSA– 凯旋在美国 AMA 锦标赛中取得了不错的成绩，罗梅罗拿下了冠军。同年，保罗 · 斯马特（Paul Smart）/ 汤姆 · 迪基（Tom Dickie）的组合驾驶凯旋 Trident 赢得了蒙特赫里摩托赛（Montlhéry）的金牌。但这场比赛中真正造就传奇的是由珀西 · 泰特和史蒂夫 · 乔利（Steve Joly）驾驶的摩托，尽管他们最终只获得了第五名，却创造了历史。他们 Trident 的后轮胎上被喷溅上了油污，这使骑行变得特别湿滑和艰难。据说泰特可能是由于一部电视连续剧而被昵称为萨姆。Slippery Sam 的绰号由此诞生，并且一直被用于称呼这款车，直到它成为最著名的英国赛车之一。从 1971 年到 1975 年，Slippery Sam 一直在旅游杯摩托车赛中取胜，车手分别是雷 · 皮克雷尔（Ray Pickrell，1971 年和 1972 年）、托尼 · 杰弗里（Tony Jefferies，1973 年）、米克 · 格兰特（Mick Grant，1974 年）和戴夫 · 克罗克斯福德 / 亚历克斯 · 乔治（Dave Croxford/Alex George，组合比赛，在 10 圈内进行）。1971 年，这款车在代托纳获胜，迪克 · 曼骑着 BSA 赢得了胜利，领先于同样骑着凯旋的吉恩 · 罗梅罗和同样骑着 BSA 的唐 · 埃姆德。Trident 安装了一个罗布 · 诺斯设计的低底盘车架和一个整流罩，整流罩前面有一个大槽，让人联想到一个信箱槽，以加强冷却。这个整流罩被命名为“信箱”（Letter Box）。

竞速

“20 世纪 70 年代初，Trident 统治了各大赛事。”

Slippery Sam，1970

3 缸直列，4 冲程，风冷，翻滚气门，每缸 2 阀门，740 毫升（67 × 70 毫米），8250 转 / 分钟时 84 马力，Amal GP 化油器，5 速变速箱，链条二级传动，Rob North 双钢架（Reynolds 531 钢），伸缩前叉，双减震器，254 毫米（10 英寸）鼓式前制动，Lockheed 盘式后制动，19 英寸轮胎，干重 170 千克。

X75 Hurricane

1972 年

流星

嬉皮士

美国人克雷格·维特设计的 Hurricane 是嬉皮年代的经典标志之一。

直到今天，凯旋 Hurricane 都是一款褒贬不一的车型，尤其是考虑到它的销量极低。尽管后来这款车因其稀有性和新颖独特的设计成为摩托车界的标志车型之一，但在发布之初，它却一度被视为商业失败。凯旋 X75 项目的研发开始于 1969 年，是在 BSA Rocket III 和 Triumph T150 Trident 通用的 750 毫升三缸新发动机基础之上研发的。当时，BSA 集团美国新泽西州分公司的副总裁唐·布朗（Don Brown）在 Rocket III 研发初期就曾表示不喜欢它的外观。在他的设想中，这款车的外形应该更加有魅力。果然，如他预料，Rocket III 最初的销售情况不佳。此后，他在没有通知英国管理层的情况下决定启动一个个人项目。布朗咨询了 BSA 的美国销售经理哈利·卓别林（Harry Chaplin），询问他是否认识可以改装Rocket III的人。卓别林向他推荐了一位名叫克雷格·维特的工程师，此人曾因成功改装一辆铃木车在媒体上扬名，该车曾在代托纳（Daytona）200 英里比赛中亮相。就此，Hurricane 系列研发启动，挂在 BSA 品牌名下进行开发。

吸引美国女孩

布朗更像是一个普通的美国高管，而维特则留着长发，穿着喇叭裤，看起来像一个嬉皮士。尽管形象迥异，但他们很合得来。布朗将一辆 BSA Rocket III 委托给维特，并要求他对其进行改装，使其性能更加可靠、外形更加美观。维特因此将目标定为研发一款能将女孩们的注意力吸引到骑手身上的车型。1969 年 7 月，新车的原型设计已经准备就绪。改装后的座椅和汽油箱形态受到了女性曲线的启发。维特曾要求布朗给他送来一个外形更优雅的 Ceriani 前叉，但结果由于其长度太短，他不得不将其延长了近 8 厘米。他还在 BSA Flat Tracker 的基础上改装设计了排气消音器，即未来 Hurricane 的著名消音器。新车型的每一个细节都经过了精心考量。维特将铝制水箱涂成黑色，用有机玻璃碎片扩

X-75

X-75

展了发动机的鳍片（后来工厂为 X75 制造带有这种特殊鳍片的汽缸）。座椅是用尼龙搭扣带（Velcro）固定的。在新车设计中，车长仅仅够提供一个半的座位，因此乘客别无选择，只能紧贴着骑手。

布朗立马就喜欢上了这款车的造型。该车原型于 1969 年 10 月被送往英国。它在昂伯斯莱德庄园（Umberslade Hall）的 BSA 研发部门被放置了几个月。负责人实在不知道该拿它怎么办。他们想专门为美国市场生产一款特殊的摩托，因为他们在那里销售了 90% 的产品，但无法做出决定。

仓促之中

克雷格·维特最终获得了 12000 美元的工作报酬。他的“火箭”在被送到英国八个月后被送回美国，并成为《摩托世界》（*Cycle World*）杂志的封面，标题是：“下一款 BSA 三缸摩托？”然而，答案是否定的。当时 BSA 的美国子公司已经陷入了破产困境。1972 年 1 月，Rocket III 的生产停止。不过公司在 1972 年 2 月批准了 X75 的预生产，但在 6 月开始实际生产时，车子上却印着凯旋的标志。Hurricane 就此作为限量版车型被纳入凯旋的产品目录，其价格高达 2299 美元，而本田 CB 750 的价格仅为 1700 美元。

Hurricane 的发动机和车架来自 BSA，五速变速箱来自 Trident T150 V。但后者在 1973 年装上了洛克希德公司（Lockheed）的盘式前制动器，而 Hurricane 则只有一个旧的 TLS 鼓式制动器。车子装配的 Borrani 合金轮毂表现不错，但前叉不是 Ceriani 的原件，因为管理层更喜欢价格便宜的英国 Metal Profile 牌。

在 1972 年 6 月至 1973 年 1 月间，有 1175 辆 Hurricane 从梅里登的生产线上驶下。这些车子几乎全部被出口到美国，只有 70 辆在英国出售。驾驶位置、较高的前端脚轮、1450 毫米的长轴距和油箱容量（7.5 升）都没有达到欧洲标准。在美国，Hurricane 的外观得到了不少人的青睐。但凯旋公司的经济困境使得大西洋彼岸的骑手们警惕起来。滞销的 Hurricane 装满了经销商的仓库。

X75 Hurricane

“它精巧的设计将三缸摩托的机械力量彰显到了极致。”

X75 Hurricane ’ 1972

3 缸直列，4 冲程，风冷，翻滚气门，每缸 2 阀门，740 毫升（67 × 70 毫米），7250 转 / 分钟时 60 马力，4500 转 / 分钟时 5.5 牛·米，Amal 化油器，5 速变速箱，链条一级传动，钢架，38 毫米前叉，双减震器，203 毫米鼓式前制动，178 毫米盘式后制动，前轮胎 3.25×19，后轮胎 4.25×18，干重 205 千克。

破产与转型

1983—1988

莱斯·哈里斯
他的梦想使得今日的凯旋成为最古老的摩托车制造商之一。

1983 年 1 月 7 日，前亨克利时代的最后一批 Bonneville 停产了。8 月 23 日，由员工在 1975 年创建的凯旋合作社宣布清算；12 月，梅里登工厂在运营 40 年后被摧毁。有几个买家在排队想要收购凯旋公司，包括卡吉瓦（Cagiva）、哈雷－戴维森和一个名叫约翰·布卢尔的房地产大亨。为了便于出售，合作社的主席约翰·罗蒙（John Rosamond）将出售的东西分成两批：一方面是办公设备和部分生产设备，出售给了约翰·罗机械公司（John Law Machinery）；另一方面则是品牌和知识产权。除了印度财团之外，还有两个英国人希望参与收购竞争：约翰·布卢尔和莱斯·哈里斯（Les Harris），其中 L.F. 哈里斯公司（L.F. Harris）专门生产英国摩托车的零部件。约翰·布卢尔关注现代化，希望能让凯旋成为最大的摩托车品牌；莱斯·哈里斯的梦想是制造英国自己的摩托车，因此他希望继续生产 Bonneville 系列摩托。最终，布卢尔成为凯旋公司的老板，并决定将许可证租给哈里斯，让他负责制造 Bonneville，许可证有效期为 5 年。哈里斯则购买了剩余的生产工具、零件和用品。哈里斯希望对 Bonneville 进行现代化改造，但协议规定其生产的成品必须符合最近的车型。第一辆原型车于 1984 年 7 月产出，但由于大多数英国供应商都倒闭了，量产被迫推迟。哈里斯不得不从意大利采购了布雷博（Brembo）刹车、Paioli 悬挂、Veglia 仪表和 Lafranconi 排气管，并从德国采购了 Magura 车把和开关、Varta 电池和 Merit 喇叭。1985 年 6 月 25 日，第一辆 Harris 750 Bonneville T140E 在德文郡的 Newton Abbot 工厂驶下生产线。不幸的是，由于凯旋的品牌形象已经受到损害，销售也很困难。哈里斯还生产了一些单化油器的 Tiger 750。在这一时期，哈里斯被视为英国摩托车行业的救世主。他被邀请到白金汉宫和威斯敏斯特宫，甚至被当时的英国首相撒切尔夫人拜访。在许可证于 1988 年 3 月到期之前，哈里斯总共生产了约 1300 辆摩托车。与此同时，约翰·布卢尔已经组建了一个研发团队，并开始在欣克利（Hinckley）建造凯旋的新工厂。考虑到完成这样一个项目面临的困难，哈里斯维持凯旋摩托车生产的努力称得上是一项壮举。

Bonneville T140W SS

Bonneville 750 TSS 是 1983 年在梅里登生产的最后一个双缸发动机。它的四气门汽缸盖代表了发动机的最终发展，其设计基础可以追溯到 1937 年的 Speed Twin。

差异

1987 年，莱斯和他的妻子雪莉·哈里斯 (Shirley Harris) 受到当时的英国首相玛格丽特·撒切尔 (Margaret Thatcher) 接见。

Bonneville T140E Harris

生产了两个版本，一个为英国市场配备了 20 升油箱，另一个为美国市场配备了 11 升油箱。

约翰·布卢尔，凯旋的复活

1983—2002

1990—2004
新标志伴随着品牌的复兴。

约翰·布卢尔凭借其地产大亨的身份（他在 20 岁时建造了自己的第一栋房子，后来成为一名建筑商，“地产大亨”这个词很好地定义了他），于 1983 年收购了凯旋品牌。他授予莱斯·哈里斯（Les Harris）一个可以继续生产 Bonneville 的许可证。凯旋品牌因此得以继续生存下去。同时，布卢尔非常有前瞻眼光。他成立了一家名为凯旋摩托车有限公司（TML）的新公司，该公司拥有形象权、商业权和部分旧生产机器。他任命合作社前主席罗蒙为 TML 的总经理。罗蒙从梅里登老厂招募了一些员工来开发新车型，包括加里·麦克唐纳、比尔·比蒂和布莱恩·鲍德温。随后，约翰·布卢尔在考文垂和欣克利之间的一个小镇埃克斯霍尔（Exhall）开设了一个研究中心，并购置了制造原型的所有必要设备：车床、铣床、压力机。19 世纪末出产的凯旋车型正是在这个小镇上被制造出来……最初的研究项目是戴安娜款（Diana），这是一款 900 毫升水冷立式双缸发动机，带有双顶置凸轮轴。这款发动机部分由 60 年代初加入凯旋的工程师布莱恩·琼斯开发，但新凯旋的团队对其表现并不满意。它缺乏动力，而且难以通过可靠性测试。它唯一的优势是它的模块化，因为其双缸可以被拓展成三缸或四缸。这种模块化的概念很早就吸引了约翰·布卢尔，因为他从这一模式中看到了经济利益。约翰·布卢尔了解凯旋公司的历史，他绝不打算重蹈覆辙。

此外，凯旋公司美国子公司的前负责人唐·布朗（Don Brown）也被要求为新的 Hurricane 系列提出设计方案。但其想法后来没有被采纳。

顶级
20 世纪 90 年代的产品目录以其优雅和极具创造性的设计感而著称。这是 1994 年的封面。

现代化

约翰·布卢尔于 1985 年（在爱德华·特纳赴日的 25 年后）到日本旅行，会见拜访一些有合作可能的供应商。这次旅途中，他参观了雅马哈和川崎的工厂。考察归来的布卢尔确信，绝对有必要投资一套现代化的生产工具。自此，团队得到了更新，凯旋雇用了年轻的工程师，这些现代化的工作在极端保密的情况下开展。略显讽刺的是，凯旋公司找到了里卡多咨询工程公司（Ricardo Consulting Engineering）来设计一些未来的发动机。之前提过，哈利·里卡多是当时最具创造性的工程师之一，20 世纪 20 年代曾为凯旋公司工作，开发了以他名字命名的车型“里奇（Riccy）”。就这样，三缸的 750 和 900 以及四缸的 1000 和 1200 已经在研发制造之中。一些原型机在 1988 年就已经开始运行，虽然并未对外公布。1987 年，总工程师斯图尔特·伍德（Stuart Wood）加入

街车

Trophy 900 出产于 1991 年。它的镀铬排气消声器来自 Trident。

领导

房地产大亨约翰 · 布卢尔在 80 年代中期促成了凯旋的复兴。

哲学

Alf Le Laitier 是 90 年代的重要人物之一，其设计考虑了传统和人性的元素。

个性

900 Trident 是凯旋新车型中最引人注目的。

千禧

Daytona 1000 是唯一一款配备四缸发动机的凯旋，以与日本仿赛的同类发动机竞争。

员工

90 年代产品目录中凯旋员工的照片。

凯旋，此后成为公司任职时间最长的员工（同时也是劳力士手表的获得者，劳力士手表由布卢尔赠送给每位在公司任职满 25 年的员工）。他还记得 Exhall 设计中心里热闹的样子：“布卢尔很关注车子的可靠性和模块化，这是我们的主要工作领域。70 年代凯旋车漏油的名声在人们的脑海中仍然记忆犹新。我们采取了一切预防措施，这就是为什么第一批发动机必须比竞争对手更强，我们宁愿把这些部件的尺寸做大，也不愿意冒任何风险。在 Exhall 的一个发动机测功机使我们能够进行持续的测试，并以道路测试为后盾。我们自己制作了曲轴箱和曲轴。活塞、连杆、阀门和变速箱都由分包商制造。车架结构仍然接近最新的 Trident，这是参与新车型设计的老团队带来的最大影响。”

Trophy 1200，1991 年。

Adventurer 900，1996 年。

Daytona 750，1991 年。

Daytona Super III，1994 年。

Speed Triple，1994 年。

Trophy 900，1991 年。

首版

欣克利工厂于 1988 年开业，被命名为 F1，其中配备了最新的生产设备并按照现代物流系统设计。约翰·布卢尔用自己的资金投资了工厂建设，成本约为 8000 万英镑。新工厂产出的第一批摩托车于 1990 年 6 月 29 日向媒体展示，然后于 1990 年 9 月 19 日在科隆展会上展出。该系列分为三个分支：Trident 街车、Trophy 街车和 Daytona 仿赛。它们的共性是采用了新的发动机和经典的车架，以区别于日本标准。

1991 年 2 月，工厂开始生产，每天产量为 5 台摩托车。1991 年，德国市场是第一个被供应的市场，因为它是当时欧洲最大的市场。100 台 Trophy 1200 的限量首发系列被送往德国，并附有约翰·布卢尔签名的鉴定书。然后是英国和荷兰市场，在年底，法国也收到了第一批样车。接下来，凯旋必须开发一个销售网络，建立子公司，并重建品牌形象。1993 年 6 月，凯旋生产了其第一万台摩托，那是一台 Sprint 900。“在 90 年代中期，我们想制作不太依赖模块化概念的车型，”斯图尔特·伍德解释说，“我们的重点是三缸机。我们知道早期凯旋的摩托可靠性很强，也希望发扬这个良好的声誉。因此，我们需要拿出更多原创的、更高性能的模型。就像 1997 年的 Triumph Daytona T595i，采用双拼管状车架，以及顺应了街车的潮流而诞生的 Speed Triple。就这样，在 2001 年，复刻传奇 Bonneville 的各类条件终于成熟，这在 1991 年是绝对做不到的。”

1987

斯图尔特·伍德：“约翰·布卢尔关注车子的可靠性和模块化。”

现代化

新凯旋第一家工厂于 1988 年在欣克利开业。它被命名为 F1，并配备了当时最好的生产工具。

记忆

工程师斯图尔特 · 伍德 1987 年到 2017 年都在凯旋任职，他是该品牌仍活跃的资历最深的员工。Speed Triple 归功于他。

1995

1995 年，欣克利工厂与其他英国专家合作开发了凯旋 Saxon。车架、轮辋和悬挂由 Saxon 设计。

TRIUMPH

Trident 750 & 900

1991 年

复古摩托

当这辆摩托首次发布时，甚至在亲自骑上它之前，法国摩托车媒体的一位著名记者就赞叹道："它外观美丽，极富魅力，同时充满活力！"很多人对 Trident 系列别致而经典的外观、神话般的名字和现代的机械装置感到惊喜。其中，900 型给人的印象更为深刻，而 750 则不太符合车迷们最初的期望。两个版本的曲轴不同，使得 750 续航更短。Trident 900 证明了凯旋正以极其强势的姿态回归世界摩托车舞台。1991 年底试车时，它那热情洋溢的发动机以其独特的声音赢得了所有测试者的喜爱。尽管与其他车型一样，较高的重心导致它的操控性没有那么强，但整体来讲它依然是一款稳健、舒适的机车。1993 年，凯旋对其做出改良，进行了 83 处修改。

Trident 900，1991

3 缸，4 冲程，水冷，双顶置凸轮轴 、每缸 4 气门，885 毫升（76×65 毫米）、9500 转 / 分钟时 98 马力，6500 转 / 分钟时 7.6 牛 · 米，Mikuni 化油器、6 速箱传动链、钢制框架，43 毫米前叉，单减震器，296 毫米双前盘制动。2 活塞卡钳，255 毫米单后盘制动。前轮胎 120/70 × 17，后轮胎 160/60 × 18，干重 212 千克。

TRIUMPH

Sprint 900

1993 年

Sport–GT 的黎明

骑着一辆舒适的摩托车上路不仅仅是为了赶路，这款车配备有保护性的前叉，由轰动一时的 885 毫升三缸发动机驱动。Sprint 可以让旅途的乐趣延长，骑手能充分享受车子的中段加速，在小型公路上骑行漫步。1993 年这款车型问世时，其实是一辆带有 Daytona 整流罩和仪表板的 Trident。Trident 900 的标志甚至出现在车子的侧盖上。次年，它正式获得了自己的名字，“900S” 的铭文也取代了 “ Trident” 字样。这款车还配备了 Daytona 900 的制动器和 Super III 发动机箱。此外，车子的仪表盘上增加了一块表，叉冠上则多安装了一个凯旋铭牌。1995 年，该车的车尾被重新设计，并装上了 Daytona 的三辐轮。它在 1998 年结束了自己的职业生涯，被一款配备有旅行箱的行政车型替代。

Sprint 900，1993

3 缸，4 冲程，水冷，双顶置凸轮轴 、每缸 4 气门，885 毫升（76×65 毫米），9500 转 / 分钟时 98 马力，6500 转 / 分钟时 7.6 牛 · 米，Mikuni 化油器、6 速箱传动链、钢制框架，43 毫米前叉，单减震器，296 毫米双前盘制动，2 活塞卡钳，255 毫米单后盘制动。前轮胎 120/70 × 17，后轮胎 160/60 × 18，干重 215 千克。

TRIUMPH

Trophy 900 & 1200

1992 年

特征明显的街车

约翰·布卢尔在第一批车型发布前几年重新推出该品牌时，就已经有了雄心勃勃的计划。他想要打造一个完整的摩托车系列，能够与每个细分类别的最佳车型竞争。街车领域也是其中一环。

1992 年，在与 Daytona 和 Trident 相同的基础上，凯旋推出了 900 Trophy，以期与本田 VFR 750 或铃木 GSX–F 750 竞争。1200 毫升的版本在三缸发动机的基础上配备了四缸发动机（增加了 300 毫升汽缸），丰富了产品线。

这两款摩托车发动机提供的舒适体验让该车型从一开始就占据了一个特殊的市场定位。1200 型相对比较不知名，其转速范围巨大，从 2000 到 9500 转 / 分钟，并且提供了相当大的宽容性，这使它具有在四缸型号中罕见的特性。而 900 型则与 Trident 相同，功率较小，但驾驶体验同样令人愉快。从 1993 年开始，该系列经过多次改良，不断发展。

Trophy 900 [1200]，1992

3 缸 [4 缸] 直列，4 冲程，水冷，双顶置凸轮轴，每缸 4 气门，885 毫升（76 × 65 毫米）[1180 毫升]，9500 转 / 分钟时有 98 马力 [9500 转 / 分钟时有 100 马力]，6500 转 / 分钟时有 7.6 牛·米 [5500 转 / 分钟时有 11 牛·米]，Mikuni 化油器，6 速变速箱，二级链条驱动，单钢架，43 毫米前叉，单减震器，296 毫米双前盘制动，2 活塞卡钳，255 毫米单后盘制动，前轮 120/70 × 17，后轮 160/60 × 18，干重 220 千克 [240 千克]。

TRIUMPH

Trophy 900 & 1200

1996 年

优雅的街车

Trophy 900 [1200]，1996

3 缸 [4 缸] 直列，4 冲程，水冷，双顶置凸轮轴，每缸 4 阀门，885 毫升 [1180 毫升]，76 × 65 毫米，9200 转 / 分钟时达 96.8 马力 [9000 转 / 分钟时 108 马力]，4900 转 / 分钟时达 7.9 牛 · 米 [5000 转 / 分钟时 10.6 牛 · 米] ，多化油器，6 速变速箱，二级链条驱动，单钢梁车架，43 毫米前叉，单减震器，310 毫米双前盘制动，4 活塞卡钳，255 毫米单后盘制动，前轮 120/70 × 17 ，后轮 170/60 × 17，干重 245 千克 [266 千克]。

从 1996 年 起，Trophy 900 和 1200 逐渐变得更像长途旅行摩托（GT，Grand Touring）。在风洞测试中，凯旋对其宽大的整流罩进行了研究改良。车子 32 升的硬箱并不影响整体尺寸。一个新的仪表板被整合到整流罩中，带有铬边的计数器。Trophy 系列在此次改良中没有进行任何重大的技术改变。三缸发动机驱动的 900 型由于换上新的整流罩而增加了 25 千克。不过整体来讲定位依旧是一款非常令人愉快和舒适的旅行街车。发动机的舒适性与骑行姿势、座椅的舒适性相结合，使其成为一辆特别的摩托。由于这款发动机的特性，它是这一类别中为数不多的能提供悠闲骑行乐趣的摩托车之一。当快速骑行时，其较大的重量和高度会限制车速。这一款自研发后到 2002 年停产为止几乎没有变化。1200 款和 900 款表现类似，其四缸发动机提供了更多的扭矩和灵活性，但也有更大的重量：266 千克。1200 款于 2003 年停产。

TRIUMPH

Daytona 1000 & 1200

1991 年

首创

简洁、运动型的线条和颜色造就了其美丽的外观。Daytona 1000 是凯旋在 1991 年发布的欣克利工厂时代首辆仿赛。该款车满重 262 千克，作为一辆定位为 90 年代初最好仿赛的摩托来说，它的重量分配并不够科学。其四缸发动机是和另一款 Daytona 三缸发动机 750 毫升同步研发的，二者在同一年发布。1000 毫升型比 750 毫升多了一个汽缸，缸径和冲程则完全相同，总共增加了 23 制动马力。其底盘与同年的 Trident 和 Trophy 系列相同。新工厂的队伍刚刚建起不久，他们在保证制造质量方面投入了巨大关注。新凯旋的成功也正是基于这些早期的标志性车型。Daytona 1000 在 1993 年消失了，取而代之的是功率更大的 Daytona 1200，后者拥有 141 制动马力并且轻了 10 千克。

Daytona 1000 [1200]，1991

3 缸（4 缸），4 冲程，水冷，双顶置凸轮轴，每缸 4 气门，998 毫升 [1180 毫升]，76 × 55毫米[76 × 65毫米]，10000转/分钟时121马力[141马力]，8500转/分钟时9牛·米[11.7 牛 · 米]，多化油器，6 速变速箱，二级链条驱动，钢梁框架，前叉 43 毫米，单减震器，310 毫米双前盘制动，4 活塞卡钳，255 毫米单后盘制动，前轮 120/70 × 17，后轮 170/60 × 18 [180/55 × 17]，干重 235 千克 [225 千克]。

TRIUMPH

Daytona Super III

1994 年

特例

Daytona Super III，1994

3 缸直列，4 冲程，水冷，双顶置凸轮轴，每缸 4 阀门，885 毫升（76 × 65 毫米），9500 转 / 分钟时有 115 马力，6500 转 / 分钟时有 8.3 牛 · 米，多化油器，6 速变速箱，二级链条驱动，钢梁框架，43 毫米前叉，单减震器，310 毫米双前盘制动，6 活塞卡钳，255 毫米单后盘制动，前轮胎 120/70 × 17，后轮胎 180/55 × 17，干重 211 千克。

1994 年的 Daytona Super III 颠覆了约翰 · 布卢尔制定的规则，尤其是模块化的生产习惯。模块化指的是凯旋旗下的机车往往共享发动机和零部件，从而节约生产研发成本。但 Super III 系列却是一个例外。凯旋公司内部开发并优化了 Daytona Super III 的三缸发动机。在 1993 年发布的这个版本中，发动机壳体采用了备受赞誉的英国发动机制造商考斯沃思（Cosworth）的工艺进行铸造。这种更为精巧的工艺需要用到的铝更少，从而减轻了发动机的重量。除此之外，新的凸轮轴、高压缩活塞和重新计算的进气和点火系统确定了三缸机的新布局，这些改良使得它比 Daytona 900 轻了足足 4.5 千克。另外，车子配备的六活塞制动卡钳也是新研发的，仿照了美国印第安牌赛车的制动系统。Daytona Super III 在这个有趣的等式中得到了平衡：211 千克的干重却拥有 115 马力。这使得它在各方面都是一辆表现出色的摩托车。

TRIUMPH

Tiger 900

1993 年

大师级

Tiger 900 丰富了凯旋的产品系列。约翰·布卢尔希望能全方位满足市场的期望。在本田 Africa Twin 和雅马哈 Super Ténéré 风靡的当时，拥有旗舰款拉力摩托是必不可少的。当时，宝马仍在扩展其 R 100 GS 系列，Tiger 900 就在此刻于 1993 年推出，比宝马 R 1100 GS 早一年。这辆大型越野车广受赞美。它是当时市场上动力最强的摩托车，有 85 马力，但同时也是最重的，装配有 24 升的大油箱，其满重高达 258 千克。同时，它的高座椅使其成为最难骑上去的摩托之一。最初，这款三缸车依照早期凯旋的惯例被称为 T3。当时这款拉力车没有街车那么重，但几乎不可能完成越野骑行。它的重量和尺寸决定了它只适合在一些宽阔的道路上驾驶。

Tiger 900，1993

3 缸直列，4 冲程，水冷，双顶置凸轮轴，每缸 4 阀门，885 毫升（76 × 65 毫米），8000 转 / 分钟时有 85 马力，6000 转 / 分钟时有 8.3 牛 · 米，Mikuni 化油器，6 速变速箱，二级链条传动，单钢架，前叉 43 毫米，单减震器，276 毫米前双盘制动，4 活塞卡钳，255 毫米后单盘制动，前轮 110/80 × 19，后轮 140/80 × 17，干重 215 千克。

TRIUMPH

Thunderbird 900

1995 年

首款新复古

美国市场一直是凯旋的重要销售目标。20 世纪 60 年代，英国摩托车在美国四处可见，而 90 年代凯旋牌摩托的复兴成为一次历史性的复活。Thunderbird 900 就是这样一个象征。它于 1995 年发布，在 1994 年 10 月的科隆车展上展出。欣克利时代的首辆凯旋摩托就这样进入了美国市场。凯旋进入欣克利时代后，首台“新复古”（néo–rétro）类别的摩托续用了 1949 年 650 双缸车的名称。约翰 · 布卢尔就这样推翻了他不参考过去的决定……机械基础方面，Thunderbird 900 保留了 Trident 和 Speed Triple 的三缸结构，但侧面曲轴箱的铸造则是其自身特有的。车子的凸轮轴来自 Tiger 900，而其点火正时和化油器设置已被调整，以牺牲功率为代价增加了扭矩。与凯旋的其他 900 排量摩托相比，这款车损失了大约 15 马力。1997 年，凯旋发布了其运动版（82 马力）。

Thunderbird 900，1995

3 缸直列，4 冲程，水冷，双顶置凸轮轴，每缸 4 阀门，885 毫升（76 × 65 毫米），8000 转 / 分钟时 70 马力，4800 转 / 分钟时 7 牛 · 米，Mikuni 化油器，5 速变速箱，二级传动采用链条，单钢架，前叉 43 毫米，单减震器，320 毫米双前盘制动，4 活塞卡钳，285 毫米单后盘制动，前轮胎 110/80 × 18，后轮胎 160/80 × 16，干重 220 千克。

TRIUMPH

Speed Triple T301

1994 年

凯旋缔造传奇

灵感

通过在自己的 Trident 900 上改装加入 Daytona 900 的高性能元素，年轻的工程师斯图尔特·伍德激励团队推出了一款新车型：第一款 Speed Triple，名副其实的现代咖啡骑士。

尽管 Speed Triple T509 的双头灯设计成为 Speed Triple 系列的典型标志，但传奇的开始源于这款 T301。在欣克利工厂，当时还是年轻工程师的斯图尔特·伍德（Stuart Wood）选取了一款经他自己用 Daytona 仿赛元素改装的 Trident 900：新款式拥有可调悬挂、更大的制动盘和四活塞卡钳、更运动型的几何形状，甚至还有带腕带的车把。"这真是太棒了，"他回顾时仍旧不由得赞叹，"这款新车满足了整个团队对 900 型三缸车的所有要求：独具个性，性能出色以及敏锐的操控性。事实上，在 1991 年夏天，这辆 Speed Triple 就已经上路了。"一年半后，Speed Triple T301 正式发布了。该系列的名字令人回忆起 Speed Twin，并且一上市就震动了业界。在风格和感觉方面，杜卡迪 Monster 900 终于有了可与之比肩的对手。在 1993 年底的巴黎车展上，T301 立即被与咖啡骑士风潮联系在一起。后来的一则广告进一步说明了 Speed 的精神内涵：广告里有一张著名的照片，照片中的斗牛犬被拴在灯柱上，以蔑视的眼光俯视着凯旋摩托。它巨大的轮廓给人以一种野蛮的印象，而它的黑色色调、哑光引擎和闪亮的油箱与车尾则弱化了这种印象。此外，白色的凯旋标志进一步强化了这台英国摩托车与众不同的风格。这款三缸车源自 Daytona 900，但变速箱已减至五速。米库尼（Mikuni）36 毫米化油器被重新调校。转速为 9000 转 / 分钟则功率输出为 98 制动马力，整车干重据称为 209 千克。但实际满重近 250 千克。T301 的大重量一直是其最大的弱点。发动机悬挂在中央横梁上，重量很大，特别是在油箱满载的情况下（25 升）。Speed 不是很灵活，在弯道中会给骑手车头下降的感觉。宽大的 180 后轮胎更是加强了这种笨重的印象。但由于没有整流罩，T301 整体还是轻于 Daytona，而且市场表现也要更胜一筹。

它大功率的发动机让骑手们非常兴奋。法国周刊《摩托日报》（*Moto Journal*）在其动力试验中发现，三缸 900 在所有转速范围内提供的扭矩比四缸的本田 CBR 1000 F 和铃木 GSX-F 1100（当时在法国限制在 100 马力）还要大！这也是该车型的一大特点。它在转速计上的设计有一些粗犷、

TRIUMPH
triple
SPEED triple

Speed Triple T301，1994

3 缸直列，4 冲程，水冷，双顶置凸轮轴，每缸 4 气门，885 毫升（76 × 65 毫米），9000 转 / 分钟时 94 马力，6500 转 / 分钟时 8.3 牛 · 米，Mikuni 化油器，5 速变速箱，二级传动为链条，单钢架，前叉 43 毫米，单减震器，310 毫米双前盘制动，4 活塞卡钳，255 毫米单后盘制动，前轮胎 120/70 × 17，后轮胎 180/55 × 17，干重 209 千克。

Speed Triple T301
“暴躁而尊贵，英国摩托车的精神。”

活泼，其个性随转速的变化而变化，始终具有令人印象深刻的活力。野性而不粗暴，直率也是这款车的特征。这款发动机的尺寸与 1200 型相同（缸径为 76×65 毫米），只是多了一个汽缸，其特点是采用了湿式衬垫汽缸（内部水室）。该发动机被证明是非常可靠的，正如德国杂志 *Motorrad* 在 50000 公里测试中所揭示的那样，尽管里程数很高，但内部零件的精确度令人感到惊讶。

T301 的唯一演变是在 1996 年，当时的变速箱被赋予了第六个齿轮。还推出了一个新的较短的前叉和金色的制动卡钳，以及一个更轻的后避震。Speed Triple 的完成度达到了当时人们闻所未闻的水平。制造质量是凯旋时任老板极为关注的方面。他既注重机械部件的标准化以节约成本，也注重可靠性以提升品牌形象。70 年代末，合作时代生产的最后一批凯旋车是糟糕的回忆。但 T301 的坚固性有助于改变人们对凯旋的印象，其独特的造型和轰动世界的工程设计也是如此。在凯旋迈向辉煌未来的新征程中，这是一款必不可少的车型。

火灾与发展
2000—2010

2004—2013
标志的演变伴随着品牌历史上的一个新转折点。

2000 年以来是凯旋公司进行深刻反思的时期。1983 年，由房地产和建筑业发家的英国商人约翰·布卢尔买下了这个在 80 年代初处于死亡边缘的品牌，并令其重生。90 年代，公司的生产出现了复苏的迹象。一年年过去，新凯旋的产品线逐渐扩充，生产和销售量继续增长。随后，凯旋在欧洲和美国开设了子公司，开始拓展国际市场。2000 年，在布卢尔个人投入超过 2 亿英镑（约合 2.35 亿欧元）后，凯旋公司终于首次实现了盈利。2002 年，凯旋准备庆祝其 100 周年，推出了两款纪念车型：Daytona 955i 百年纪念版和 Bonneville T100 百年纪念版。该年的生产目标是 37000 辆摩托。然而就在 2002 年 3 月 15 日，一个星期五，在员工下班去度周末之后，欣克利工厂发生了一场可怕的火灾。到了午夜，在 100 名消防员与火焰搏斗了长达五个小时之后，火势终于熄灭了，但工厂几乎被烧成平地，装配线和仓储设施被毁。"我们当时认为这是凯旋的末日。"凯旋当时的市场经理布鲁诺·塔格利亚费里（Bruno Tagliaferri）在接受英国网站 MailOnline 采访时回忆道，"但在大火完全熄灭之前，我们又冲进去处理零碎的订单。"仅仅一个月后的 2002 年 4 月 16 日，工厂的重建工作开始了，9 月份时，工厂终于恢复了生产。但是火灾给凯旋带来了惨重的损失，导致当年只生产了 14174 台摩托，远远没有达到最初定下的目标。布卢尔不得不自行出资弥补 450 万英镑（略高于 500 万欧元）的赤字。就在此时，习惯做出革命性决定的布卢尔抓住机会扭转了公司的局面。他请来了咨询公司麦肯锡，麦肯锡派出了一个由 27 岁的丹麦人蒂尤·曼托尼（Tue Mantoni）领导的团队。"是时候让凯旋找回自己的'灵魂'了，"多年后，他向商业杂志《独立报》（*The Independent*）解释说，"有时你需要这样的冲击，因为在此之后你会问自己说，'好吧，我们现在想做什么呢？'因此，我们决定抓住这次机会，创造属于我们自己的细分市场，使凯旋真正区别于日本的摩托。"此后，布卢尔和曼托尼决定放弃生产四缸发动机，转而集中生产双缸和三缸发动机，因为它们更有魅力，更能代表凯旋的精神。时任产品开发主管的西蒙·沃伯顿（Simon Warburton）是一位从 1997 年起就在公司工作的工程师。他解释说："与汽车相比，发动机对摩托车个性的影响更具有决定性。一方面，摩托车的发动机是外露的，车手可以看到，但不止于此。车手的驾驶体验是完全与发动机相连的。因为它的振动距离车手的膝盖只有几英寸。"尽管布卢尔已经投入巨资开发了 2000 年发布的 TT600，一款能够与日本人竞争的仿赛型摩托，尽管布卢尔一直以强硬的性格著称，最终他却听取了麦肯锡公司的意见。"当我来到凯旋公司时，凯旋几乎擅长做任何事情。我所做的是帮助凯旋，在已有的基础上做到独一

标志性
凯旋 Speed Triple 自 90 年代中期以来一直是凯旋的先锋。至今它仍然是一个传说般的车型。

一百周年

2002 年，凯旋庆祝其摩托车生产 100 周年。它是目前仍在运营的最古老的品牌之一。

2001 年

在证明了其系列车型的效率和可靠性后，凯旋复刻了标志性的 Bonneville。

灰烬

2002 年摧毁欣克利工厂的大火既是一场悲剧，也是一个新的开始。

丹麦人

丹麦人曼托尼在 21 世纪初将品牌引向一个新的方向，重新树立了极具个性的品牌形象。

重建

火灾发生后，一家超现代化的工厂很快就被重建起来。

旅游“奖杯”

2003年，布鲁斯·安史迪(Bruce Anstey) 驾驶着 Daytona 赢得了 TT 超级赛事。图中是另一知名车手约翰·麦吉尼斯驾驶的 Daytona。

Speed Triple 1050，2004 年。

Sprint ST 1050，2005 年。

Tiger 1050，2007 年。

无二。”Rocket III 项目于 1999 年启动，2004 年完成，加强了英国制造商的品牌形象。2006 年，600 型四缸车消失了，为惊人的 Daytona 675 型摩托让路。这款纯英式复古风格的运动型摩托将全新的直列三缸发动机引入市场。最重要的是，这款车使得凯旋终于能在自己擅长的领域击败日本车厂。Daytona 675 显然标志着凯旋摩托车设计思路的转折。两年后，凯旋又推出了 Street Triple，这是一款由 Daytona 675 毫升三缸发动机驱动的迷你 Speed Triple，彻底改变了中型街车（Roadster）市场，确立了新的动力和审美标准。Street Triple 令凯旋的销量大涨。

工业化与创新

同时，凯旋扩大了其在亚洲的生产能力。2002 年 5 月，泰国春武里（Chonburi）的装配厂开始施工建造。“发展战略的核心在英国，”曼托尼向《独立报》解释，“但如果没有亚洲的工厂，我们就不会有今天这样的竞争力。我们将无法实现 5 万辆机车的生产目标并保持盈利。”2008 年，在经济危机中，年仅 33 岁的曼托尼接任了凯旋的首席执行官。“我们生活在一个有趣的时代，”他在次年的 Rocket III Roadster 发布会上对法国周刊《摩托日报》说，“凯旋公司正以良好的状态度过危机。在过去 12 个月中，全球销量下降了 30%（从 125 万降至 87.5 万）。占全球市场 60% 的美国市场已经下降了 40%。尽管这种大环境有些可怕，但凯旋在所有市场的销售都在增长，从 2008 年的 3.3% 增加到 2009 年的 4.3%。这有三个原因。第一，我们正在大力发展新模式。第二，我们关注客户满意度。第三，我们非常团结，非常勤奋。”在此期间，曼托尼考下了摩托车驾照，并继续以前瞻性的眼光指导品牌。“当时我与布卢尔进行了讨论，我们决定将危机看成一次机会。其他厂家都会削减预算并搁置新项目。我们做了相反的事情。我们在别的方面削减成本，但增加了对新产品开发的投资。”历史经常是个循环。但这次不是，至少对曼托尼来说并不是，“老凯旋品牌倒闭是因为他们不注重质量，忽视创新。我们不会再犯同样的错误。”2010 年，曼托尼离开凯旋公司回到丹麦。接替他的是约翰的儿子尼克·布卢尔（Nick Bloor）。

2006
“Daytona 675
标志着凯旋摩托概念的转型。”

独特性

Daytona 675 是凯旋脱颖而出的象征之一。发动机的排量符合世界超级运动锦标赛的规定，三缸发动机的最大排量为 675 毫升。

传承

前景中的尼克 · 布卢尔，是背景中的约翰 · 布卢尔的儿子。在完成工程专业的学习后，尼克 · 布卢尔于 2010 年底接管了该品牌的管理。

巨无霸

2004 年的 Rocket Ⅲ 拥有世界上最大的摩托车发动机，其排量为 2300 毫升。

尼克·布卢尔，目标实现
2010—2017

TRIUMPH

2014

凯旋标志的最新发展。

2010 年 12 月，时任凯旋品牌的 CEO 蒂尤·曼托尼卸任。他曾说："我们一直都记得凯旋的历史。我们从未忘记是什么导致了 20 世纪 70 年代的失败。凯旋绝不会重蹈覆辙。我们将充分利用专业知识，以期不辜负凯旋的声誉，最重要的是，我们将铭记创新永无止境。无论是生产工具还是生产本身，都需要不断革新。日本品牌仍然像以前一样强大，而中国品牌在不久的将来也可能成为我们的竞争对手。目前中国有大约 50 个品牌，但如果一些品牌发展然后取代其他品牌，他们将发展得非常迅速。凯旋永远不应该忽视竞争。因此，凯旋在泰国投资建立装配厂，同时将工程部门保留在英国。除日本品牌以外，我们拥有世界上最大的摩托车研发部门。"20 世纪 50—60 年代，凯旋没有充分预见到日本品牌飞速发展带来的威胁，这一教训直到 90 年代都被管理层铭记在心。

因此，约翰·布卢尔决心不断地对生产设备进行现代化改造，尤其是在 2002 年工厂发生火灾之后。这也是凯旋扩大经营范围、成长为一个强大综合品牌的必要基础。正是这一目标指导了蒂尤·曼托尼在 2003—2010 年期间推行的政策。当他在 2010 年底卸任时，凯旋刚刚实现了年产 5 万辆摩托车的目标，这一产量也是公司的盈亏平衡点。这意味着自 60 年代以来，凯旋首次实现了收支平衡。

新方向

2011 年，欣克利的凯旋（右页右下角，工厂入口）开始进行广泛的研究工作，以重新定义品牌战略。上图为尼克·布卢尔。

新时代

从 2011 年 1 月起，约翰·布卢尔的儿子尼克·布卢尔接任 CEO。1998 年，他在完成工程专业的学习后加入凯旋公司。他曾在凯旋公司的每个主要部门工作过，从生产、营销到采购。他接任首席执行官后对凯旋公司的发展方向进行了重大反思。进入 2000 年，凯旋的策略重点是加强综合性品牌的建设，但与此同时又保留一定的独特性和高端的品牌形象。最初，凯旋的商业方针较为激进，有些类似凯旋心中的竞争对手——日本车厂。街车、运动车、拉力车、越野车、运动 GT，每个领域凯旋均有布局。就此，当时的凯旋进行了大量的反思和分析，制定了更有针对性的产品战略，该战略以三个主要系列为基础：冒险（Adventure）、经典（Classic）和城市（Urban）摩托车，以及标志性的车款。2014 年标志着这一变化的开端。凯旋放弃了研发面向亚洲市场的小排量车型（自 2012 年以来一直在开发 250 毫升摩托），也中止了不断改良仿赛的方案，并将

TRIUMPH
TRIUMPH

英国旗帜
在欣克利凯旋总部看到的英国旗帜。

这些废弃项目原本的开发预算集中用于实现新战略，其中经典系列（Bonneville、Street Twin、Bobber）是第一批受益者。

2014 年初，各个子公司收到了品牌策略。同年，负责生产的西蒙·沃伯顿被负责品牌战略发展 20 年的史蒂夫·萨金特（Steve Sargent）取代，以落实这一新发展方向。2015 年 10 月，凯旋召开全球经销商大会，将凯旋在世界各地的 700 家经销商聚集在一起，确定新政策的目标。新的经典 Bonneville 系列的消息于会议次日宣布，该系列最终在 2016 年推出，象征着尼克·布卢尔对战略转型做出的努力。一年后，新的 Street Triple 765 也紧随其后。复刻版的完成度大大增加，技术得到改进（如 Street Triple 765 R 和 RS 的 TFT 仪表盘），营销预算也有所增加。凯旋法国公司总监马尔斯也认为这种高端的宣传打法与凯旋的品牌形象非常匹配："通过专业化，我们的产品变得更有针对性，我们的品牌定位对客户来说更加清晰和明确。同时，我们还开展了很多活动，使这种做法逐渐为大家所接受。2017 年，我们在法国就支持举办了约 50 场活动。"

尽管决定专注于上述三个系列和高端的定位，但凯旋也通过从 2019 年赛季开始为 Moto2 类别提供所有的发动机，对 Grand Prix 项目进行投资。"这对形象很重要，"工程师 Wude 解释说，"作为发动机制造商，凯旋想展示自己高超的技术，并以仿赛来加强这种印象。同时这些实验将有利于我们研发改良运动型街车，如 Street Triple RS 和 Speed Triple R。"

2016 年，凯旋生产的约 60000 辆摩托车销往全球各大洲。

2014
"深刻反思后，
凯旋确立了更具针对性的战略，
主要发展三个核心系列。"

优化

装配厂仍然为手工工作留下了很大的空间，其中物流是最重要的。

仔细

活塞环的装配是手工完成的，需要专家的注意力以保证精度。

终点

在进入库存之前，摩托车要先经过发动机工作台，再经过最后的检查车间。

别致

凯旋大厅，所有元素都在显示个性化的精神，包括电梯。

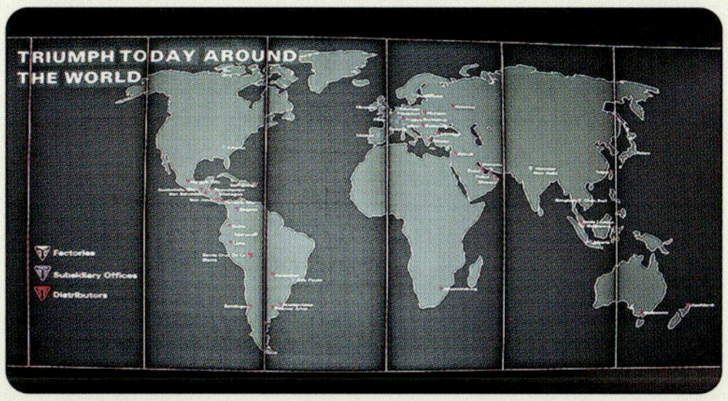

贸易

2015 年，凯旋在全球拥有约 700 家经销商。

趋势

经典系列已经确立了时尚先锋与纯粹简约的美学风格。

街　车
ROADSTER

街车

Speed Triple

1997年

朋克态度

TRIUMPH

TRIUMPH

一个系列的首款车型将决定该系列之后的风格和血统。1994 年的 T301 为 Speed Triple 的发展铺平了道路。今天，这款车型可能已经获得了历史的认可，但它并不是该系列造就辉煌的原因。1997 年，T509 诞生了，它完全背离了前代的古典主义风格。这款车拥有奇怪的双头灯、刻意的小众美学设计、极具朋克和机械气质的外观，使得 Speed 系列的风格逐渐成形，即简单而激进，与 1993 年开创仿赛领域新世代的杜卡迪 900 Monster（Ducati 900 Monster）截然不同。20 世纪 90 年代末，借由 Speed 系列的推出，凯旋重新打造并树立了强大、深入人心的品牌形象。

签名

1966 年，Speed Triple 用它的镀铬双头灯颠覆了摩托车界。

铭文（下图）

T 代表凯旋，5 代表 T3 一代车型，9 代表排量。

T509 的诞生

1996 年，凯旋决定设计该系列的首款现代街车（Streetfighter），这是一款拥有强大引擎、独特外观和精美装饰的摩托车。设计师约翰·莫克特（John Mockett）和罗德·西维耶（Rod Scivyer）提出了著名的镀铬双头灯的想法。Speed 系列的独特风格就这样诞生了。

Speed Triple T509
“优雅无匹。”

1997—2001

2002—2004

Speed Triple T509 1997 [955i 2002]

3 缸直列，4 冲程，水冷，双顶置式凸轮轴，每缸 4 气门，885 [955] 毫升，缸径冲程 76 × 65 毫米 [79×65 毫米]，9100 转 / 分钟时 108 马力 [9000 转 / 分钟时 120 马力]，最大扭矩 6500 转 / 分钟时 8.5 牛 · 米 [5100 转 / 分钟时 10.2 牛 · 米]，燃料喷射，6 速变速箱，链条传动，铝制车架，倒置前叉，单减震器，前刹双盘 320 毫米，4 活塞卡钳，后刹单盘 220 毫米，前轮胎 120/70×17，后轮胎 190/50×17，干重 196 千克 [189 千克]。

2005—2007

Speed Triple 1997—2011
"激情 · 进化"

2008—2011

Speed Triple 1050 2005 [2008]

3 缸直列，4 冲程，水冷，双顶置式凸轮轴，每缸 4 气门，1050 毫升，缸径冲程 79 × 71.4 毫米，9000 转 / 分钟时 130 马力 [9250 转 / 分钟时 132 马力]，最大扭矩 5100 转 / 分钟时 10.7 牛 · 米，燃油喷射，6 速变速箱，链条传动，铝制车架，倒置前叉，单减震器，前刹双盘 320 毫米，4 活塞卡钳，后刹单盘 220 毫米，前轮胎 120/70 × 17，后轮胎 180/55 × 17，干重 189 千克。

T509 与前代 Speed Triple 的不同之处还在于其更加现代和运动的机械设计。双螺旋铝制车架（与 Daytona 相同）和新的 885 毫升三缸发动机，发动机曲轴箱由 Cosworth 设计。该发动机由萨基姆 MC 2000 燃油喷射系统（Sagem MC 2000）提供动力，该系统最初是为汽车使用而设计的，凯旋在其早期版本的使用中还遇到了一些问题。坚固的单辐条框架使得精美的三辐条后轮展现出来。第一辆 T509 的骑行位置仍然略微靠前，以保持咖啡骑士的风格。这款神奇的发动机具有大型三缸机的所有特征，即相对平顺、强大的中段扭矩和 9100 转 / 分钟时高达 108 制动马力的强大表现。新款 Speed Triple 的重量比旧款少了约 15 千克，并且由于其较低的重心、较短的油箱和高脚踏板而更容易骑行。

1999 年，Speed 进化了，采用了运动型 T595i 的 955 毫升发动机。在约翰・布卢尔的指导下，凯旋公司很早就学会了利用通用平台的模块化优势。凸轮轴和燃油喷射被调整到仿赛上，以鼓励中段动力，功率被提高到 110 制动马力。955i 在油门响应和用户体验方面有很大的进步，如果安装了可选的碳纤维消声器，听起来绝对很好。与 T509 相比，Showa 悬挂系统得到了改进，尽管减震器可能仍旧有点粗糙，但其操控性保持在了较高的水平。这款机车的驾驶表现很平稳，操纵起来比较容易。这个神奇引擎的特性被发挥得很好。2002 年的更新中，该引擎获得了 10 马力，而且加雷斯・戴维斯（Gareth Davies）对其外形也进行了修改，使它变得更为美观。此外，T595i 的重量也减少了约 10 千克。2004 年，也是其量产销售的最后一年，该款车又发布了一个 SE 版本，主要对其外观做了一些更新。

运动

2013 年出现了一个特别版 SE，有蓝色的双条纹涂装。

Speed Triple 2011
“外观变幻，精神永续……”

改良版

2011 年推出的 Speed Triple 由于其头灯而引起了广泛的关注。发动机的功率增加到了 133 马力，新的车架轻了几千克。

仿赛

Speed Triple 的 R 版本于 2012 年推出（见右页图）。Öhlins 悬架和 Brembo 整体制动卡钳让它能适用于赛道上。

技术

2016 年，Speed Triple（下图）不再使用老式电缆加速器，而是换上了电控组件。104 点触技术允许车手通过微小的触摸操纵摩托。

接下来的一年标志着一个重大的演变。在其历史上第一次，Speed Triple 不再与同品牌的仿赛分享任何东西。发动机以三缸 955i 为基础，尺寸增加到 1050 毫升。虽然保留了原来的双头灯，但其设计在很大程度上受到了意大利市场的影响。时任马拉贝塞（Marabese）设计公司负责人的设计师鲁道夫·弗拉斯科利（Rodolfo Frascoli）被委托重新设计 Speed。这一设计上的更新也有重要意义，因为意大利进口商在很长一段时间内一直希望从凯旋工厂拿到新的“Speed”系列，以期望在当时竞争激烈的大排量仿赛市场上重新获得优势。

如果说 1050 款机车的发动机外壳与 T509 的外壳尚且还有一定联系，那么其中的机械元素就完全脱离了以往的设计，例如全新的京滨（Keihin）喷油器和完全重新设计的底盘。同时还有新的车架、倒叉，功率增加到了 129 马力 。这款 Speed 变得更平稳、更宽敞，车体更长，转速高时车子更能展现出现代化的强劲动力。它的销量直线上升，自此，Speed Triple 不再是那辆仅仅被少数改装爱好者青睐的奇怪小众摩托，逐渐成为道路上常见的车型。它一跃成为新时代流行的大排量仿赛中的一员。

随后，凯旋在将 Speed 系列现代化的过程中不断对其进行一些小的调整和改良。2007 年，车子上增加了一个新的电子盒和一个金属油箱，次年则又换上了一个 Brembo 刹车。

2010 年，凯旋发布了该车型的 15 周年纪念版。2011 年，凯旋对其进行了一场革命性的调整，车子的两个大灯失去了以往圆润的风格，车迷们需要一些时间来适应它的新外观。

Speed Triple 2016
“掌控狂野的骑行乐趣。”

Speed Triple 2016［2011］

3 缸直列，4 冲程，水冷，双顶置式凸轮轴，每缸 4 气门，1050 毫升，缸径冲程 79 × 71.4 毫米，9500 转 / 分钟时 140 马力，最大扭矩 7850 转 / 分钟时 11.4 牛·米[7750 转 / 分钟时 11.1 牛·米]，燃油喷射，6 速变速箱，链条传动，铝制车架，倒立式前叉，单摇臂，前刹双盘 320 毫米，4 活塞卡钳，后刹单盘 255 毫米，2 活塞卡钳，前轮胎 120/70×17 ，后轮胎 190/55×17，干重 192 千克。

Arai
TRIUMPH
SPEED

Speed Four

2003 年

纯粹的超跑

发起者

TT600 是具有运动元素的 Speed Four。这台闪亮的摩托正是 Street Triple 的前身。

从失败的经验中吸取教训，并以一种非常英式的冷静悄然完成逆袭：凯旋工程师于 2002 年下半年推出 600 Speed Four（2003 年），恰恰实现了这种风格变换。当 2000 年推出的 TT600 仿赛在车手那里遭到冷遇——车迷认为这款车缺乏独特性，难以与以本田 CBR600F 为代表的日系摩托比肩，意大利的凯旋进口商卡罗·塔拉莫（Carlo Talamo）设计出了 TT600 的简化版，希望能够以此拯救凯旋，正如凯旋几年前将 Daytona 900 改造成 Speed Triple 那样。在新款车子中，整流罩上的塑料被拿掉。双梁铝制车架和直列四缸发动机被染成美丽而醒目的黑色，用以强调车子的野性和攻击性。 此外，精妙之处还在于这款 Speed Four 配备了著名的 Speed Triple 镀铬双头灯，凸显其血统，令人不禁联想到前代的名称；同时，运动型车把被保留下来，发动机则被重新加工，以提供更快的扭矩（10500 转 / 分钟时就可达到 6.9 牛 · 米，而不需要 11000 转 / 分钟）。凯旋首辆也是唯一一辆超级公路仿赛摩托就这样诞生了！ TT600 太过线性，太过克制？意大利设计师将这款新车称为“Baby Speed”，强调它在 7000 至 14000 转 / 分钟之间那种活泼、汹涌的特性。底盘跑车般的刚性和全面可调节的 Kayaba 悬架使这款车具有极佳的可操控性和稳定性，令当时最好的 600 街车都望尘莫及。不幸的是，尽管 Speed Four 大受好评，但 2002 年初凯旋的欣克利工厂发生火灾，影响了它的生产和销售。Speed Four 在凯旋的产品目录中一直保留到 2005 年，为畅销款 Street Triple 打下了良好的基础。

Speed Four，2003

4 缸直列，4 冲程，水冷，双顶置凸轮轴，每缸 4 阀门，599 毫升 (68 × 41.3 毫米)，11750 转 / 分钟时有 98 马力，10500 转 / 分钟时有 6.9 牛 · 米，电子燃油喷射，6 速变速箱，二级链条传动，铝制车架，伸缩前叉 43 毫米，单减震器，前刹双盘 310 毫米，4 活塞卡钳，后刹单盘 220 毫米，前轮胎 120/70 × 17，后轮胎 180/55 × 17，干重 170 千克，满重 194 千克。

Speed Four

“Baby Speed：
简约、个性、高效。”

街车

Street Triple 675

2007年

叛逆者

Daytona 内部（上图）
从这里可以很明显地看出运动型 Daytona 675 和 Street Triple 之间的关联。

5 万辆！是的，自 2007 年凯旋推出 Street Triples 以来，该款机车已经在全球范围内销售了 5 万辆。真正的畅销款！通过 Street Triple，凯旋进入了飞速发展的阶段，撼动了摩托车市场，改变了竞争格局。最重要的是，这款凯旋机车让各类车手都激动不已，这款车的表现甚至超越了他们最疯狂的梦想。简单、刺激、强大、性感，而且价格合理（上市时为 7590 欧元），无论需求为何，Street Triple 都是一个不二之选。媒体疯狂报道。测试它的记者甚至自掏腰包购买了这款“美丽的叛逆者”，而经销商则将这款车填满了他们的订单簿。为什么这台车能获得如此大的成功？因为 Street Triple 的发动机：2005 年发布的 Daytona 675 的发动机。这是一台从零开始由凯旋创造出来的机器，充分展现了凯旋公司工程师对摩托车的热情和深厚丰富的专业知识。虽然他们最初曾声称这款神奇的三缸中等排量引擎将专门用于他们的仿赛（Sport），但实际上他们已经开发了 Daytona 的街车（For Roadster）版本。从 2005 年 12 月到 2007 年 7 月，工程师们全力进行开发和测试，并对开发进程严加保密。与最初源自 Daytona 的 Speed Triple 一样，Street Triple 675 也保留了 Daytona 675 的铸铝底盘，因为这款底盘充分利用了三缸车狭窄的特征。车子的几何形状也经过了调整，以适应公路为主、要求不高的骑行风格：立柱角度增大了一点，轴距则被延长了。车子装配了同样来自仿赛的铝制摇臂，由于其长度较长，可以为车子提供良好的牵引力，同时继承了三缸机极端紧凑的优点。发动机本身也进行了一些调整，以确保车子在公路上平稳行驶。最

Street Triple 675
“一半 Daytona 675，一半 Speed Triple。”

Street Triple 675, 2007

3 缸直列，4 冲程，水冷，双顶置式凸轮轴，每缸 4 气门，675 毫升（74×52.3 毫米），11700 转/分钟时 106 马力，9100 转/分钟时 7 牛·米。电子喷射，6 速变速箱，链条二级传动，铝制车架，41 毫米倒置前叉，单减震器，前刹双盘 308 毫米，4 活塞卡钳，后刹单盘 220 毫米，前轮胎 120/70×17，后轮胎 180/50×17，干重 167 千克。

Speed touch

双头灯和凯旋铭牌赋予了 Street Triple 攻击性的视觉特征，与它的爆炸性气质完美契合。

Street Triple R

“是否还有更好的 Street Triple？是有可能的，那就是 R 款。”

双倍

Speed Triple 1050，空前绝后。

大功率被刻意限制在 106 马力，但也使得该发动机的使用范围达到此前从未曾在中等排量街车上利用过的区间：从 3500 到 12650 转 / 分钟，该款车获得超过 6 牛・米的扭矩！除此之外，车子还配备了窄速比变速箱，使加速更灵敏，这一切造就了当时市面上最好的中型街车。

全能型

在车座方面，Street Triple 兑现了承诺。这款车子在首次驾驶时就很容易上手，学习成本很低而且容易习惯。车子的仪表板与 Daytona 的一样五脏俱全：配备了行车电脑、挡位提示和换挡灯，照亮了车手的旅程。车子起步不难，只需简单地扭动一下油门就可以启动。加速时车手可以感受到车子的爆炸性和怒吼，三缸发动机带来的加速度比生气的托尼・蒙大拿（Tony Montana，疤面煞星）更具威力；所有这些都伴随着车子的轰鸣、喧闹、阳刚而令人上瘾。车子的底盘和这个发动机一样好，可以满足车手的各种幻想和需求，尤其是拔掉插头进入“炸街”模式的能力。此外，双头灯也粉墨登场，使得车子在公路上大显身手。从一对圆形头灯到座位下的两个排气管，Street Triple 拥有苗条的造型和运动感极强的外观，可以为车手抬升咖位。这些在吸引女孩的微妙艺术中，是一个非常有力的加分项。2008 年，在其发布一年后，凯旋又推出了顶配的 R 款（R ultime），以进一步加强这款车的魅力。R 款通过提高底盘的性能水平让这款车变得更加完美无缺。其配备的 Kayaba 前叉和减震器都来自 Daytona 675，均是可调节的，还增加了品质极好的、带有 Nissin 径向卡钳的制动器；车子的几何形状也做了调整，立柱角度略窄，倾斜度更前。因此，Street R 比同系列的车子表现更为卓越，价格也只增加了 800 欧元。称得上是凯旋的又一力作！

成功的创新

要改装一辆畅销车并不容易，尤其是一辆得到车迷广泛认同的摩托车。各种错误都有可能发生！然而凯旋公司却并没有犯错。2012 年，距在 Speed Triple 上采用新的长方形双车灯一年之

成功

开发畅销款是一场巨大的赌博。正如 2012 年开发新款的凯旋（下图是 R 款）。

落差

所有 Street 系列各款车型的优势在于能够将极端的竞速乐趣与日常生活的轻松结合起来。

后，凯旋推出了全新的 Street Triple 和 Street Triple R。这次重新设计是成功的，同时重量减轻了 6 千克，其中仅排气管就减去了 3.6 千克的重量：新款式中的排气管删去了座位下的双对消音器，让其依偎在底部，靠近摇臂，从而将车重集中在一起。对机车全面研究后，凯旋设计了一种新的几何形状，以优化重量分布，从而在不影响稳定性的情况下提高操控性。作为一款性能良好的街车，许多车主都曾带着它上过赛道。凯旋公司考虑到了这一点，并尽可能地简化车牌托架和尾灯连接。车子的完成度也整体提高了一个档次，使这次改良成为极其重要的一次改变。至于三缸发动机部分，则几乎没有变化，无论车手的骑行风格和心情如何，都能提供同样的扭矩和乐趣。此外，锦上添花的是，改良后的机车价格仍然像以前一样具有竞争力（标准型号为 7990 欧元），而且可以选配 ABS 系统（只需多付 200 欧元）。2015 年，凯旋又进一步将其仿赛的部件挪到了这款车上：Daytona 675 的后环被嫁接到了 Street 款上。此后，Street 的轮廓变得更加优美，像一支射向目标的箭。RX 版本还配备了一个快速换挡器，允许车手在骑行中换挡，而无须切断油门或调整离合器。这款车具有叛逆的内核，但在日常道路的行驶中总是能保持一定的温和性，因此，无论其版本如何改变，都能继续保有其在摩托车市场排行榜和摩托车手心中的地位。

Street Triple 675 R & RX
“终极仿赛：轻盈而强劲的气流。”

极限

675 系列的最终演变，是 Street Triple 和 Daytona 675 的有机结合。

街车

Street Triple 765

2017年

新视野

TRIUMPH
RS

高科技

Street Triple RS 配备了一个 TFT 仪表盘，外观充满美感，同时具有显示各类信息的功能。

Street Triple 675 大大改变了凯旋品牌的地位。它使凯旋达到了每年 5 万辆的生产目标，即公司的盈亏平衡点。2007 年至 2017 年期间，Street Triple 在全球范围内销售了 50000 辆。它已经成为凯旋公司历史上最畅销的车型之一。自 2010 年以来，公路摩托车的趋势是增加排量。Street 系列不得不跟随这一趋势，但同时又需要保持自己的独特性。2017 年，这款三缸摩托车的排量增加到 765 毫升。车子有三个版本（S、R 和 RS），其中基础版本的价格较为实惠，而技术上最先进的 RS 则拥有可用于日常的仿赛型街车品质，既能够在赛道上有良好的表现，也可供休闲使用。

在更新 Street Triple 时，凯旋不得不考虑下一步该怎么改良。改良的主要理念是提高机车的功率以应对市场竞争。工程师们决定将 Daytona 675 发动机（128 制动马力）安置在一个 Street 车架上，以便为机车提供一个平稳的结构。在 Street 的演进中，这台发动机一直被保留了下来。它的排量通过增加缸径而增加了 90 毫升，能够产生比 Daytona 稍多一点的中段扭矩。新旧两款发动机之间有 80 个零部件有所不同，其中包括曲轴、活塞、连杆和平衡杆。S 型车的动力输出增加到 113 制动马力，R 型车为 118 制动马力，RS 型车为 123 制动马力。这些具体数值的改变是通过调整进气参数和凸轮轴实现的。与之前的 Street 675 相比，S 型车的扭矩也增加了 7%，R 型和 RS

Street Triple 765 RS

“Street Triple 765 的稳定性如同一辆仿赛。”

苗条

Street Triple 拥有完美的曲线和苗条的轮廓。它很容易驾驶，车手能感受到很好的抓地力。

Street Triple 765 RS

3 缸直列，4 冲程，水冷，双顶置式凸轮轴，每缸 4 气门，765 毫升（78×53.4 毫米），11700 转 / 分钟时 123 马力，10800 转 / 分钟时 7.8 牛·米。电子喷射及电子油门（ride by wire），6 速变速箱，链条二级传动，铝制车架，41 毫米 Showa 前叉，Öhlins 牌单减震器，前刹双盘 310 毫米，4 活塞卡钳，后刹单盘 220 毫米，前轮胎 120/70×17，后轮胎 180/50×17，干重 166 千克。

变化

就连对摩托车了解较少的人也很快就能认出 RS 版本（右页图），因为它的后视镜位于车把的末端。

型车的扭矩则增加了 13%。变速箱的第一和第二挡已被缩短，以提高加速性能。此外，对于这些现代发动机，改进时所面临的最大挑战是如何在遵从排放法规的同时满足车迷对大功率发动机日益增长的需求。

稳定性的需求

Street Triple 675 的车架结构在新版中得以保留。立柱角度则被稍加调整，从而给车头提供更多的间隙，以便在高速行驶时保持稳定。摆臂在车架上的固定点被提高了 4 毫米，以减少传动效应，因为这种效应在加速时会增加车尾的摆动幅度，导致车子在转弯时稳定性降低。新的轮辋较之前轻了 1 千克，方便骑手更好地操控机车。

悬挂系统的选择（除了配备 STX40 减震器的 RS 之外，三个版本均配备了不同型号的 Showa 减震器）引起了研发型车手费利佩·洛佩兹（Felipe Lopez）的注意：他测试了其中的几个型号，并提出为三辆 Street Triple 765 的每个型号进行具体调校。2007 年第一辆 Street 上的减震器招致了很多差评，凯旋公司并没有忘记当时的经历。

无论是在赛道上还是在开放道路上，新款 765 都显示出在街车中罕见的稳定性优势。它的骑行位置设计既能满足在城市或公路上的日常使用场景，也能满足运动型的使用场景。精美、轻巧、简洁是 Street Triple 的特征，而这些特征在 RS 版本中尤为凸显，使得车子不易被激进的骑行方式影响。它的发动机可以达到 12500 转 / 分钟，从 8000 转 / 分钟开始有明显的加速感。发动机在中段略有一点缺乏活力，但它线性加速的能力使它能够在转速范围内低速提速，而不会出现大幅的震动。此外，凯旋为了恢复被催化器和排气管消去的声音而对气箱声学进行了研究。因为在摩托骑行中，声音也是驾驶体验中的重要组成部分。

Street Triple 765

“新款 Triple 的三种模式使得驾驶体验更为丰富。”

系列

三个不同版本：S（标准），R（装备更好）和 RS（非常运动）。发动机功率略有不同。

BELL

仿　　赛
S U P E R S P O R T

9
10
11
12

Daytona T595

1997 年

高端仿赛

巴黎，早上6点。清新的感觉预示着一个美丽的春日。轻轻按下启动器，周围其他的一切仿佛都消失了。三缸发动机发出低沉的吼声，踩儿下油门就显示出它的活力。驱车前往勒芒。T595就是所有人的焦点，它令人振奋的声音，它神话般的引擎，它的腕托位置，它的引擎散发的热量。在勒芒24小时耐力赛的停车场上，人人都为它而振奋。Daytona T595是首款从约翰·布卢尔的标准化战略中走出来的凯旋摩托。因为如果想在高端仿赛的世界里占据一席之地，车子一定要具有一些独特的属性。在这款车型中，Daytona 900的三缸发动机基础被保留了下来，但除此之外的其他元素都有所改动。英国著名汽车品牌莲花公司（Lotus）参与了Daytona的955毫升排量燃油喷射发动机开发。在所有的大排量Daytona摩托之中，T595是最为畅销的型号。

Daytona T595，1997

3 缸直列，4 冲程，水冷，双顶置式凸轮轴，每缸 4 气门，955 毫升（79 × 65 毫米），10200 转 / 分钟时有 130 马力，8300 转 / 分钟时有 10.2 牛 · 米，萨基姆喷油器，6 速变速箱，链条传动，铝制双排架，45 毫米前叉，单摇臂，320 毫米双前盘制动，4 活塞卡钳，220 毫米单后盘制动，2 活塞卡钳，前轮胎 120/70 × 17，后轮胎 190/50 × 17，干重 198 千克。

Daytona 955i

2001 年

性能提升

凯旋的车型命名方式有时很令人费解。1999 年，T595i 摩托被重新命名为 955i，车子本身并没有什么重大改动。到了 2001 年，我们现在见到的这款 955i 真正诞生了。设计师加雷斯·戴维斯重新设计了 Daytona，将发动机功率提升到 149 马力。车子的其他方面也都改头换面：新的曲轴，新的锻造铝活塞，新的连杆，重新定位的启动器和离合器位置。最开始的一批新版车中，车子原有的单摇臂被去掉了，直到 2002 年推出的百年纪念限量系列中才被重新安装回来。955i 的车架与 T595i 相同，但装上了一个新的减震器以及重量更小的铝制轮辋（从 TT600 借来的）。它的操控性仍然与同系列的前代车子接近，但发动机性能要强得多。总体而言，Daytona 955i 的骑行乐趣和前代不同，主要是源于车子的高性能，而非狂野的加速度。这种骑行体验的变化主要是通过减少机械惯性实现的。这就是凯旋公司做出的改良。

Daytona 955i，2001 年

3 缸直列，4 冲程，水冷，双顶置式凸轮轴，每缸 4 气门，955 毫升（79 × 65 毫米），10700 转 / 分钟时有 149 马力，8200 转 / 分钟时有 10.2 牛 · 米，萨基姆喷油器，6 速变速箱，链条传动，铝制双排架，45 毫米前叉，单摇臂，320 毫米双前盘制动，4 活塞卡钳，220 毫米单后盘制动，2 活塞卡钳，前轮胎 120/70 × 17，后轮胎 190/50 × 17，干重 196 千克。

TT600

2000 年

尝试转型

坚实的技术支撑并不总能令一款摩托受到车手的青睐。在著名的世界超级运动锦标赛的引领下，600毫升排量的仿赛成为当时摩托车界的主流，凯旋公司也在2000年推出了TT600摩托，宣告正式向这个竞争激烈的细分领域进军。靠着Cosworth和Lotus联合开发的发动机，这款漂亮的仿赛在170千克干重下功率可以达到108马力。此外值得一提的是，这款发动机使用了开创性的燃油喷射系统，而当时竞争对手仍在使用老式化油器。然而，这款车在赛道上的优秀表现和在公路上的舒适驾驶体验并没能让它找到自己的伯乐。对于车迷来说，TT600的外观和发动机结构都过于平淡了，没有什么值得称道的特色。此外，当时凯旋的粉丝们更喜欢三缸发动机（更具英式特色），这款车却选择使用四缸发动机，这令买家感到失望。在此之后，凯旋公司吸取了教训，TT600开始向具有更强特性的摩托车转变。

TT600，2000

4缸直列，4冲程，水冷，双顶置凸轮轴，每缸4气门，599毫升（68 × 41.3毫米），11750转/分钟时有108马力，11000转/分钟时有6.9牛·米，燃油喷射，6速变速箱，链条传动，铝制车架，伸缩前叉43毫米，单避震，双盘前刹310毫米，4活塞卡钳，单盘后刹220毫米，前轮胎120/70 × 17，后轮胎180/55 × 17，干重170千克。

Daytona 600

2003 年

形态变化

在 TT600 推出三年后，凯旋为其中型仿赛摩托设计了新的外观。在 TT600 商业失败的刺激下，凯旋意识到市场喜爱个性鲜明的摩托，因此在设计时加入了战斗机外形的元素，赋予了这款新 Daytona 锋利的线条。这辆摩托不仅外形更具攻击性，性能也更为强大。一方面，新款的四缸发动机动力更强（达到 112 马力），另一方面，车体重量则减少了 5 千克。这款 Daytona 600 的推出展示了凯旋对市场需求的快速反应能力和对客户的重视——凯旋从不轻易使用 Daytona 这个传奇的名字。为了进一步塑造这款摩托性能强大的形象，约翰 · 麦克吉尼斯和吉姆 · 穆迪等知名车手驾驶着 Daytona 600 参加了旅游杯摩托车赛。但在 2003 年曼岛 TT Junior 组别的比赛中，是新西兰车手安史迪驾驶着它赢得了比赛。2005 年，Daytona 的排量增加到 650 毫升（增加了 2 制动马力）。次年，Daytona 675 问世并将其取代。

Daytona 600，2003

4 缸直列，4 冲程，水冷，双顶置凸轮轴，每缸 4 气门，599 毫升（68 × 41.3 毫米），12750 转 / 分钟时有 112 马力，11000 转 / 分钟时有 6.9 牛 · 米，燃油喷射，6 速变速箱，链条传动，铝制车架，前叉 43 毫米，单摇臂，双盘前刹 308 毫米，4 活塞卡钳，单盘后刹 220 毫米，前轮胎 120/70 × 17，后轮胎 180/55 × 17，干重 165 千克。

仿赛

Daytona 675

2005 年

独特的凯旋

Arai

时尚而运动（上图）
特别的焦黄色涂装将永远与首台 Daytona 675 绑定在一起，留在人们的印象中。

"2003 年，在 Daytona 600 向媒体亮相一周后，我们已经在测试'骡子'（Mulet）了，它将形成 Daytona 675 的初始几何形状，"凯旋开发工程师和试骑者大卫·洛佩兹（David Lopez）说，"这辆测试车还没有用上最终的发动机或底盘，但它的操控性已经非常好。开发部门采用了最初的几何形状，并在短短 18 个月内生产了一辆具有正确几何形状的摩托，而且重量低于我们的预期。当我们用合适的底盘和发动机测试第一辆原型车时，这辆车已经比外面的任何东西都好。我真的被吓到了！我认为 Daytona 675 是凯旋的一个重要里程碑，因为它表明凯旋有能力在一个竞争激烈的类别中生产出性能最好的摩托车。"

Daytona 675 在 2005 年底亮相时就引起了轰动，并受到了专业媒体的盛赞，在 2006 年和 2007 年又赢得了著名的"摩托车大师"（Master Bike，欧洲大型测试）。这一成就证实了凯旋的专业性，并使凯旋被纳入大师级公司的名单。Daytona 675 由内部设计工程师克里斯·亨内根（Chris Hennegan）设计，因其令人难以置信的纤薄美感而从其竞争对手中脱颖而出。凭借其高大的座椅和激进的前倾骑行姿势，成为一款为比赛模式而生的摩托车。重量轻（165 千克），功率大（123 马力），Daytona 的三缸发动机令人印象深刻。与同级别的四缸发动机相比，这款新发动机既能带来新的驾驶乐趣，因为它具有超强的中段扭矩，又能带来独特的愉悦感，因为它在 6000 至 14000 转 / 分钟时发出轰隆隆的声音，可以实现极快的加速。

工匠精神缔造杰作

Daytona 675
"性能与个性。"

2006 年 6 月，就在第一辆 Daytona 675 发布的几个月后，研发部门开始着手于 2009 年进行第一次改良。"我们认为没有必要进行任何重大改变，"大卫·洛佩兹说，"所以我们决定做一些简

长剑

除了它的三缸 675 毫升，该车型摆脱了所有条条框框，成为超级运动类别的另一个伟大创新。

Daytona 675" 2005

3 缸直列，4 冲程，水冷，双顶置凸轮轴，每缸 4 气门，675 毫升（74 × 52.3 毫米），12500 转 / 分钟时有 123 马力，11750 转 / 分钟时有 7.4 牛 · 米，燃油喷射，6 速变速箱，链条传动，铝制车架，前叉 41 毫米，单摇臂，双盘前刹 308 毫米，4 活塞卡钳，单盘后刹 220 毫米，前轮胎 120/70 × 17，后轮胎 180/55 × 17，干重 165 千克，满重 189 千克。

气

Daytona 675 R 凭借其高端配件和完成度，带来了动力的顶峰体验。

单的调整，凸显这辆车独有的功能和特性。例如，底盘的灵活性和前刹车的力量已经很明显，但我们认为可以进一步对其进行加强。”原有车型的设计师克里斯·亨内根被要求调整 Daytona 675，但他主要调整的是驾驶舱，他对第一个版本并不完全满意。因此，他设计了更具攻击性的大灯和更优雅的进气口，与整流罩更好地融为一体。整个团队还专注于减轻 2009 年车型的重量和提高功率，目标是增加 3 马力、减重 3 千克，最终方案是在摩托的顶部减去重量，而底部或中间部分则保持不变。这次改良使 Daytona 675 保持了其在该细分领域的领先地位。在 2008 年、2009 年、2010 年和 2012 年，凯旋推出了 Daytona 675 SE 特别版，增加了一些配置和独家颜色，以强调该车的特殊性。但最大的变化发生在 2011 年，这一年发布了 Daytona 675R 以补充此前的标配版。Daytona 675R 是一辆拥有顶级装备的最好的赛事摩托：NIX30 前叉，TTX36 后悬架，Brembo 单体前卡钳，原装换挡器，全碳纤维……凯旋的摩托车产品开发主管西蒙·沃伯顿解释了这一选择："我们能够将这款车提升到一个新的水平，制造出真正让公众兴奋的东西。Daytona 675R 经过了和开发全新车型类似的测试和开发。对于减震器来说，购买名牌并简单地把它们装上是不够的。我们对所有元件进行了完整的开发测试流程，以进一步强化这些高质量配件的优势。”此外，新款式的功率增加到 128 马力，证明了凯旋对运动型摩托的关注。当然，这辆摩托车在从国家和国际超级运动锦标赛到最重要的旅游杯摩托车赛（骑手加里·约翰逊 Gary Johnson，2014 年）等众多的赛车活动和赛事中大获成功。

Daytona 675 R
“一款独特、轻巧、美丽和大胆的仿赛。”

Maison

Daytona 675 是在内部工程师和设计师克里斯·亨内根手下诞生的，是美学与效率的完美结合。

TRIUMPH
DAYTONA
675R
brembo

巡航车
CRUISER

America

2002 年

改装态度

在 Bonneville 发布一年后，Triumph 推出了 America 机车，这是一款为美国市场设计的摩托车。该项目造型研究始于 1998 年，由凯旋公司的内部设计师约翰·莫克特负责。大轮胎、低座位、重新设计的曲轴箱、33.3° 倾斜的前叉、更长的轴距和大车把，这款新 Bonneville 一改前代的复古外观，采用了非常个性化的设计。伴随着这种蜕变，新的曲轴正时从过去的 360° 变为 270°。这一改变使车子具有更符合巡航风格的 V 型双缸车特征。America 的驾驶体验非常舒适，尽管速度感还是较弱。2007 年，车子的排量增加到了 865 毫升。次年，凯旋又为这款车增加一个更大的油箱（23 升），并加入了燃油喷射装置。2011 年，车辆的造型设计略有修改。到了 2013 年，凯旋推出了带挡风玻璃和行李箱的 LT 版本，使得车子也可以作为旅行车使用。

America，2002

双缸直列，4 冲程，风冷和油冷，双顶置凸轮轴，每缸 4 阀门，790 毫升（86 × 68 毫米），7400 转 / 分钟时 62 马力，3500 转 / 分钟时 6.1 牛 · 米，2 化油器，5 速变速箱，链条传动，管状钢架，前叉 41 毫米，双减震器，单盘前刹 310 毫米，双活塞卡钳，单盘后刹 285 毫米，前轮胎 110/80 × 18，后轮胎 170/80 × 15，干重 226 千克。

Speedmaster

2003 年

更加摇滚

在 2002 年 America 成功的基础之上，凯旋公司于次年推出了 Speedmaster，以扩大其产品品类。尽管这款 Speedmaster 和同名的前代摩托（1965 年的美国 T120 R）并不相同，它的设计理念不是以车速为主，但它确实是定制改装摩托车中追求极简和性能的典范之作。拖曳式车把和向前的脚踏板使得车手的骑行姿势更为叛逆。在美学上，黑色是这款摩托的主色调，以强调其阳刚、狂野的风格。油箱上增加了一个转速计数器，车前部还增加了第二个刹车盘。从 2005 年开始，Speedmaster 引入了 Thruxton 系列的发动机，这是一款垂直双缸发动机，被重新加工调校后排量达到 865 毫升。同时，Speedmaster 保留了 270° 的曲轴正时。与 America 相比，Speedmaster 的功率较小，但扭矩更大。2008 年，Speedmaster 随着 America 的改良一同加装了燃油喷射，并在 2011 年款中获得了造型改良。

Speedmaster，2003

双缸直列，4 冲程，风冷，双顶置凸轮轴，每缸 4 阀门，865 毫升（90 × 68 毫米），7400 转 / 分钟时 55 马力，3500 转 / 分钟时 6.9 牛 · 米，2 化油器，5 速变速箱，链条传动，管状钢架，伸缩前叉 41 毫米，双减震器，双盘前刹 310 毫米，2 活塞卡钳，单盘后刹 285 毫米，前轮胎 110/80 × 18 ，后轮胎 170/80 × 15 ，干重 229 千克。

巡航车

Rocket III

2004 年

凯旋大教堂

BELL

Rocket III 机车可称得上英国摩托车行业真正的凤凰，而凯旋公司的负责人约翰·布卢尔正是让这颗皇冠上的明珠从灰烬中崛起的人。约翰·布卢尔是一个信念坚定的人，他的词典里没有“不可能”这个词，对他来说，极限存在的意义就是被超越。1999 年底，随着千禧年的到来，他让团队着手设计一款独特的、无可匹敌的摩托车，他要求团队在设计时不要参考以前存在的任何东西。在他的设想中，无论是摩托新手还是最博学的摩托老鸟，在看到这款车之后都不能说：“看，这让我想起了……”在这样的理念指导之下，Rocket III 于 2004 年横空出世。选择这个名字是因为车子参考了以凯旋 Trident 为基础的 BSA Rocket III。此后，Rocket III 成为世界上最大的量产型摩托车。它的三缸发动机纵向排列，汽缸在行驶方向上一前一后，创下了 2300 毫升的容量纪录。这种排量对摩托车而言是出类拔萃的，目前还没有任何一家摩托车制造商的产品能与之媲美。它的发动机是一个真正的机械大教堂，由三根巨大的柱子——镀铬的排气口支撑着，在它的心脏里隐藏着 101.6 毫米口径的活塞，相当于装备在道奇毒蛇 V10（Dodge Viper V10）上的活塞，即当时最大的量产活塞。该系列对美国超级跑车的模仿还不止于此。

凭借着令人印象深刻的、具有雕塑感的、非同寻常的巡洋舰外观和运动性能，Rocket III 成为摩托车界热议的话题。自从该车型在贸易展上和报刊上亮相之后，订单就纷涌而来。全油门 142

2.3 升

在此之前，从未有任何一辆量产摩托具有如此大的容积。

体验（左页图）

Rocket III 的设计能给予骑士难忘的驾驶体验：难以置信的力量和惊人的轻松完美结合。

Rocket III
“令人在加速骑行中找到快乐。”

野蛮人

Rocket III（右页图）对摩托车运动的意义就像黑色安息日乐队对于重金属乐而言的意义，沉重而富有冲击力。

马力，20 牛 · 米，干重 320 千克，240 毫米的后轮胎，0 到 100 公里 / 小时的加速时间为 2.8 秒，这是当时摩托车最短的加速时间。Rocket III 称得上是一款现象级的摩托车。它最初是为美国市场设计的，但在欧洲也大获成功，这要归功于它巨大的动力，当时在这种类型的摩托车上，这种性能是前所未有的。在这款车上，工程师们设法将乍一看矛盾的特性融合在一起：他们成功打造了一台视觉上极具气势的摩托车，但却非常容易驯化和操纵。尽管 Rocket III 的尺寸很大，但它从最初的几米行驶开始就很温顺，加速时也维持这种易操纵性。它的稳定性使人在骑行时放心，甚至在转弯时也是如此。“它看起来像巡航车，但驾驶起来绝对没有那种压迫性。”凯旋当时的产品经理罗斯 · 克里福德（Ross Clifford）证实说。

Rocket III——巡航、旅行和公路版

有了这样一个惊人的机械基础、这样一个惊人的动态平衡和这样一个令人赞叹的外观，凯旋开始不断为摩托车爱好者开发不同款式的 Rocket III。2006 年，车子增加了黑色涂装外观，同时 Rocket III 的第二个版本出现在凯旋的产品目录中：Rocket III Classic（火箭 3 经典款）。少一点原始，多一点精致：这就是描述这款新车型优雅风格的关键词。Rocket III Classic 标准配备了一个厚实、舒适的旅行座椅，更加注重骑手和乘客的舒适性。手绘的双色漆和附加镀铬装饰突出了这一配色方案，使其不愧“经典”之称。

Rocket III

“举重运动员一般的身材和体操运动员般的敏捷，火箭 3 统治了市场。”

Juillet 99

设计师约翰 · 莫克特负责这个项目，已经奠定了五年后火箭 3 的基础。

Rocket III, 2004

3缸直列，4冲程，风冷，双顶置凸轮轴，每缸4阀门，2294毫升（101.6×94.3毫米），5750转/分钟时142马力，2500转/分钟时20.38牛·米，电子喷射52毫米，5速变速箱，二级传动，管状钢架，43毫米倒置前叉，双侧组合减震，双盘前刹320毫米，4活塞卡钳，单盘后刹316毫米，前轮胎150/80×17，后轮胎240/50×16，干重320千克。

Rocket III Touring, Classic, X

“热情、优雅或者邪魅，Rocket III 可以满足车手的一切需求。”

生日（上图）

为了庆祝其 10 周年，凯旋公司发布了 Rocket X，该版本增加了配件，限量 500 台。

品位

外形更时髦，但同样令人赞叹的版本。

两年后，即2008年，火箭系列增加了第三个版本，称为Rocket III Touring（火箭3旅行款）。凯旋并没有满足于仅仅从各类配件挑挑拣拣然后用来装扮这辆车，使其具有满足旅行需求的能力。Rocket III Touring本身就如同一款新研发的摩托车。凯旋的设计师们在2004年2月，也就是在Rocket III推出之前就开始了旅行车的概念设计工作。其目的很简单：创造一台公路巡航车，旨在满足长途旅行的特定需求，同时不牺牲强大的发动机所带来的独特的优雅风格和乐趣。该项目于同年12月开始启动。发动机的选择不构成问题：Rocket III本身的巨大直列三缸发动机不仅提供了动力和扭矩，而且具有真正的旅行车所需要的灵活性和实用性。容纳发动机的管状钢架和钢制摇臂均被重新设计；当然，使动力和扭矩传递到后轮的基本万向轴被保留下来。转向角在低速时提供了显著的可操作性，新的180毫米后轮胎很好地保障了这一点。尽管装备更加全面，但旅行版更加灵活，并保留了原来车型出色的驾驶便利性。较窄的后轮胎最大限度地增加了车篮的容积，不会使摩托太宽。镀铬的铝制脚踏板彰显了凯旋在确保舒适、安全和风格方面对细节的关注。乘客的脚踏板也是如此。全新的无缝油箱与时尚、精湛的速度表和集成油表相得益彰。当然，Rocket III Touring配备了快速释放挡风玻璃作为标准配置。最后，在这个旅行版中，Rocket III改变了它在道路上的外观，采用了一个177毫米的镀铬头灯。在鞍座上，Rocket的"矛盾美感"在Touring款上有了新发展，那就是机械性、舒适性和平稳性的结合，同时保留了其易骑性。骑手能够在较长时间的骑行中享受它而不感到疲惫。

2010年Rocket III Roadster（火箭3公路版）的推出标志着Rocket车系的一个里程碑。顾名思义，Rocket III Roadster摆脱了原来的巡航造型，采用了更积极的姿态，通过大量的黑色部件突出了美感。车子的骑行位置也被修改，不再是巡航车的模样。脚踏板向后移动，降低并缩回，创造了一个更传统和舒适的骑行姿势。新的座椅更高、更靠前，使腿部姿势舒适自然，同时缩短了与车把的距离。在人体工程学研究的辅助下，新的驾驶体验诞生了。新款车并没有辜负街车的名号，它保留了令人印象深刻的尺寸，装上了新的悬挂和240毫米的后轮胎，与旅行版相

旅行

旅行版的火箭适合大空间：挡风玻璃、行李箱和舒适的座椅。2017年Rocket III停产。

反，它保留了性能和曲线行驶的乐趣。该车的发动机也更加激进，拥有 148 马力和 22.5 牛·米的巨大扭矩。此外，公路版标配了特殊的 ABS 系统，保证能够将 373 千克重的满载摩托稳稳地停下来，即使在时速高达 200 公里的情况下，这只“庞然巨兽”也能在 ABS 的辅助下迅速停止奔跑。布卢尔应该为凯旋感到骄傲，因为 Rocket III 真的如他所愿，不同于现存的任何其他摩托车。

Rocket III Roadster

“Rocket III 有一种强硬的优雅，凸显了其高端定位。”

TRIUMPH

巡航车

Thunderbird

2009 年

大双缸

Thunderbird & Thunderbird Storm
“迄今为止性能最为强劲的英国直立双缸。”

Thunderbird, 2009 [Thunderbird Storm, 2011]

双缸直列，4 冲程，水冷，双顶置凸轮轴，每缸 4 阀门，1597 毫升 [1699 毫升]，103.8 × 94.3 毫米 [107.1 × 94.3 毫米]，4850 转 / 分钟时 85 马力 [5200 转 / 分钟时 98 马力]，2750 转 / 分钟时 14.9 牛 · 米 [2950 转 / 分钟时 15.4 牛 · 米]，电子喷射点火，6 速变速箱，皮带传动，双管钢支架，47 毫米伸缩前叉，双减震器，310 毫米双盘前刹，4 活塞卡钳，310 毫米单盘后刹，前轮胎 120/70 × 19，后轮胎 200/50 × 17，满重 339 千克。

填补部分领域的空白并再次征服美国市场，这是开发世界上最大的平行双缸野心的来源。或者说，要看一个经济现实如何被转化为一个迷人的机械机器。2000 年以来，美国的摩托车销量呈指数级增长，2004 年的注册量突破 100 万辆。同年 8 月，普伦蒂斯在他的洛杉矶办公室开始了 Thunderbird 项目的工作。

“起初的设计方案是极简主义的，”他说，“只是一个带有平行双缸的现代巡航车。凯旋公司的人想把项目交给了解美国巡航车市场的人。他们发现在Speedmaster和Rocket III之间有一个空白。”就这样，2009 年，一台新的大型改装车出现在美国和欧洲：Thunderbird 1600。凭借其两个 800 毫升的大汽缸和比 Rocket III 还要大的活塞，这款美国制造的凯旋给人留下了深刻印象。设计师说，凭借其“肌肉发达”的设计，这只野兽应该“停在眼镜蛇谢尔比或 67 野马旁边”。第一款车型的蓝色油箱上的白色条纹加强了这款车的风格。最重要的是，普伦蒂斯在赋予了 Thunderbird 符合该类型风格外观的同时没有违背凯旋的英式优雅和精致。这一成功的关键因素之一是面对目前在该细分市场风行的 V 型双缸车，凯旋选择了垂直双缸车。“我们与项目经理肖恩（Adrian Shaw）以及工程部门密切合作，”普伦蒂斯说，“每个组件都必须看得到，每个细节都要重视。例如，节气门体在造型上得到了特别关注，以配合整体设计，并在进气口、发动机和排气管之间提供一种连续性的感觉：简单、直白和机械风。”

从 2011 年起，Thunderbird 的阳刚之气因 Hurricane 车型而进一步增强。除了增加影响骑行姿势的拖曳式车把、全黑的颜色方案和采用凯旋的标志性双头灯外，Hurricane 的亮点是发动机容量从 1597 毫升增加到 1699 毫升。增加的原因是采用了可选的超径套件作为标准。扭矩和动力的激增，使 Thunderbird 具有真正的动力巡航特征。车子将性能发挥到了极致，270° 的曲轴正时给它带来了额外的魅力。由新的凸轮轴提供动力，双缸表现强劲。在 2500 至 4000 转 /

遗产

2009 年的 Thunderbird 遵循了其前代 Thunderbird 6T 于 1949 年诞生时的理念：即为美国制造大排量双缸。

2014 年

在指挥官版（Commander）（下图）和 LT（右页图）版本中，Thunderbird 拥有了新的外观。高贵优雅的摩托车带来令人振奋的骑行体验。

分钟之间，发动机会发出一些尖锐、快速的轰鸣。此外，内部测试车手大卫精心打造的底盘使 Thunderbird 具有现代巡航车所需的灵活性。对于一辆满载重量为 339 千克的摩托来说，这又是一项壮举。

2014 年，该系列随着 LT 和“指挥官”的推出而壮大，前者提供旅行版本（LT 代表轻型旅游），后者则是精简版。两辆车都有相同的几何变化、重新设计的车架和降低的座椅支撑。双缸发动机排量仍为 1699 毫升，但功率略微调低，据称为 94 马力。这款车设计精密，而且完成度也很高。皮带传动和双平衡轴将振动保持在最低限度，以便骑手和乘客都能充分享受公路旅行或巡航旅行。

Thunderbird Commander & LT
“力量与精致，英国出产。”

TRIUMPH

旅行车
T O U R I N G

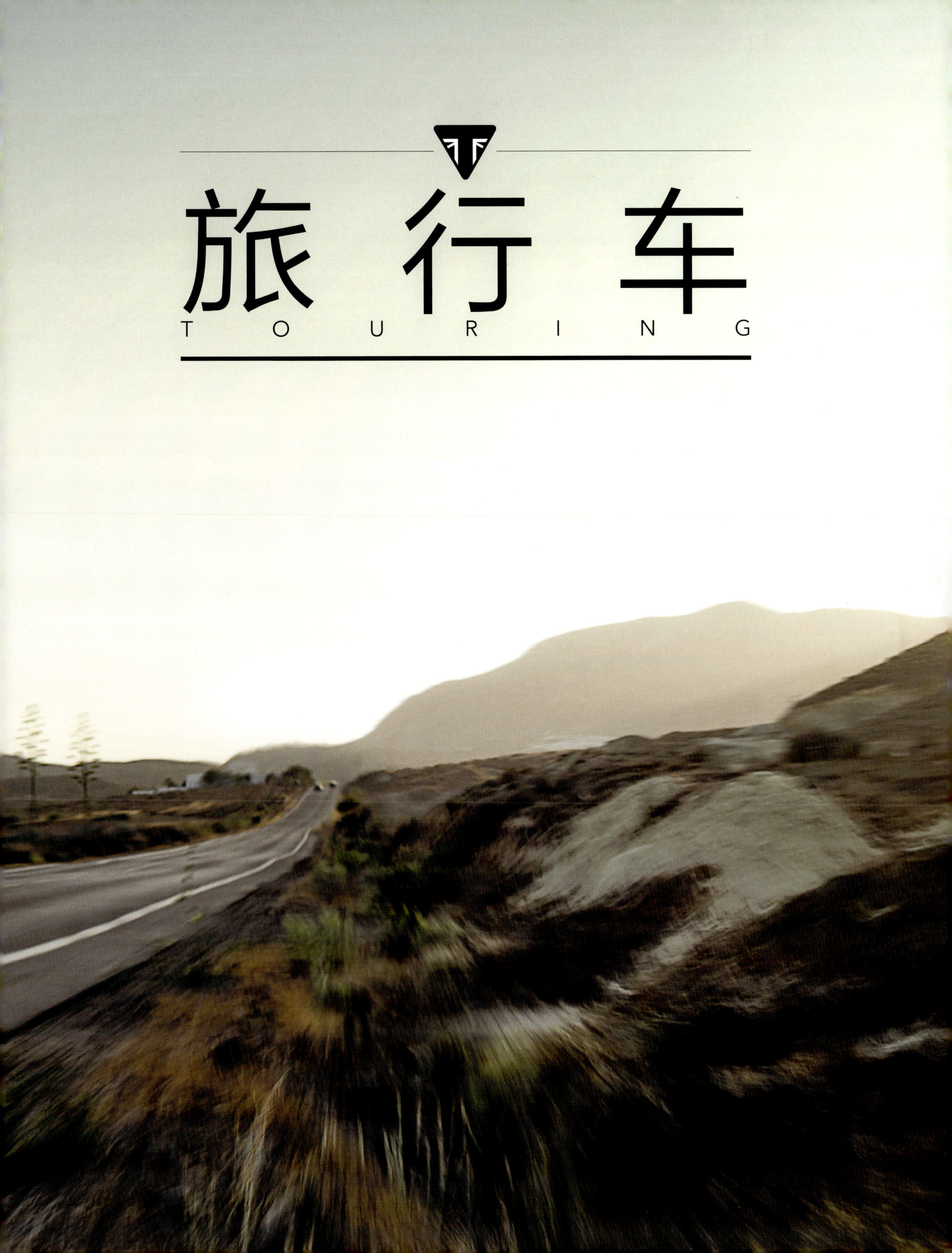

Sprint ST

1999 年

差异

20 世纪 90 年代末，摩托车手正在寻找将运动型和旅行型结合起来的摩托车。到 1996 年，凯旋计划推出一款能够满足此类需求的机车。1999 年，凯旋发布了 Sprint ST，希望它能够代替 Sprint 900 款机车。该车的发动机与 Daytona 所使用的 955 毫升排量三缸发动机相同，并根据运动型旅行车（Sport–GT）的需要进行了调整，但车架部分是全新设计的。这款车型的显著特点是双铝梁结构和一个漂亮的单摇臂。凯旋将车子的设计工作再次委托给了约翰·莫克特，莫克特这次则为其设计了一款流线型的整流罩，这一外形巧妙地将现代感、保护性和运动性结合在一起，又不会给人过强的攻击性和压迫感。在试车实测中，专业媒体和车手对该车发动机顺滑强劲的表现赞不绝口，称其很适用于长途旅行，而且称赞其底盘灵敏而精确。不过评价也指出，该车型唯一的缺点在于挡风玻璃提供的保护不够。在 2005 年 Sprint ST 1050 将其取代之前，这一车型一直表现良好。

Sprint ST，1999

3 缸直列，4 冲程，水冷，双顶置凸轮轴，每缸 4 气门，955 毫升（79 × 65 毫米），9200 转 / 分钟时有 108 马力，6200 转 / 分钟时有 9.9 牛 · 米，萨基姆喷射，6 速变速箱，链条传动，铝制双梁框架，伸缩叉 43 毫米，单减震器，前 320 毫米双盘制动，4 活塞卡钳，后 255 毫米单盘制动，前轮胎 120/70 × 17，后轮胎 180/55 × 17，干重 207 千克。

Sprint RS

2000 年

精简

仅仅在 Sprint ST 发布一年后，凯旋就又推出了一个运动性更强、价格更实惠的版本。这款新车短小的整流罩保留了 ST 标志性的双透镜设计，但同时也去除了一些 ST 的标志性元素，如中央支架和乘客扶手。单面摆臂也不见了，取而代之的是一个经典的双面摆臂。然而，ST 车型最为精髓的设计在 RS 中也保留了下来，那就是其底盘和 955 毫升三缸发动机。从 2002 年起，RS 和 ST 得益于 Speed Triple 上使用的三缸发动机的优化，其功率达到了 120 马力。RS 的造型比 ST 更简捷，价格也更低，而且这款车使得车手能以更为自然的骑行姿势驾驶，从而提高了日常使用的体验。但 RS 车型的所有这些设计都带有一点机械的粗糙感，三缸发动机的大马力更凸显了这种男子气的粗糙。不幸的是，这款车型的销售表现不佳，最终于 2003 年宣告停产。

Sprint RS，2000

3 缸直列，4 冲程，水冷，双顶置凸轮轴，每缸 4 气门，955 毫升（79 × 65 毫米），9200 转 / 分钟时有 108 马力，6200 转 / 分钟时有 9.9 牛 · 米，萨基姆喷射，6 速变速箱，链条传动，铝制双梁车架，伸缩叉 43 毫米，单避震器，320 毫米双盘前刹，4 活塞卡钳，255 毫米单盘后刹，前轮胎 120/70 × 17，后轮胎 180/55 × 17，干重 199 千克。

Sprint ST 1050

2005 年

飞快的旅行车

纳瓦罗内

2009 年 Sprint ST 之前，摇臂和三个排气出口之间并没有联系。右页图是 2015 年款。

凯旋公司的首款现代巡航跑车型（Sport–GT）可以追溯到 1993 年的凯旋 Sprint 900。而后，在其化油器和 885 毫升三缸发动机之上，凯旋又推出了 Sprint Executive 和 Sprint Sport。1998 年，在 955 的基础之上，Sprint ST 这个名字正式诞生。Sprint ST 的推出使凯旋得以在这一要求严格、需要在多功能性方面取得优异表现的摩托车类别中树立领导地位。2005 年，凯旋公司的 Sprint ST 1050 机车横空出世，它采用了全新的 1050 毫升三缸发动机，引发了轰动。这款发动机后来成为欣克利工厂的常青树，至今仍被用于许多车型，包括备受人们喜爱的 Speed Triple。Sprint ST 1050 的设计处处凸显这一高贵引擎的存在感：从三头灯到三表盘的仪表盘，再到座椅下的三个排气口，所有的设计都在强调三缸发动机的“三”字。2005 年 2 月，Sprint ST 于南非首次亮相，公之于世。在蜿蜒曲折、人迹罕至的赛道上，Sprint ST 展示了它超强的性能，能连续几天以超过 200 公里 / 小时的速度在南半球的柏油路上飞驰，最高时速几乎达到 280 公里 / 小时！这就是 Sprint ST。这款巡航跑车的运动潜力是毋庸置疑的。虽然新三缸发动机比它的前辈们更加线性，但其性能显然更加强大。铝制周边框架，结合平衡和自然的几何形状，允许利用其在快速转弯时的巨大稳定性和在狭小角落的灵活性。车子的舒适性极好，尤其是调节的高度让最忙碌的骑手也能减轻压力。这款车刚推出的时候比 GT 更运动型，后来则逐渐调整改良，为巡航提供更多的空间，行李箱和排气管在 2010 年被放在两侧，轴距变得更长，座位也被调校得更为舒适。ST 被重新命名为 Sprint GT。但运动型的感觉和特征仍然被保留了一些！

Sprint ST 1050, 2005

3 缸直列，4 冲程，水冷，双顶置凸轮轴，每缸 4 阀门，1050 毫升（79 × 71.4 毫米），9250 转 / 分钟时有 125 马力，5000 转 / 分钟时有 10.6 牛 · 米，燃油喷射，6 速变速箱，链条传动，铝制周边框架，倒叉 43 毫米，单减震器，前刹 320 毫米双盘，4 活塞卡钳，后刹 255 毫米单盘，前轮胎 120/70 × 17，后轮胎 180/55 × 17，干重 210 千克。

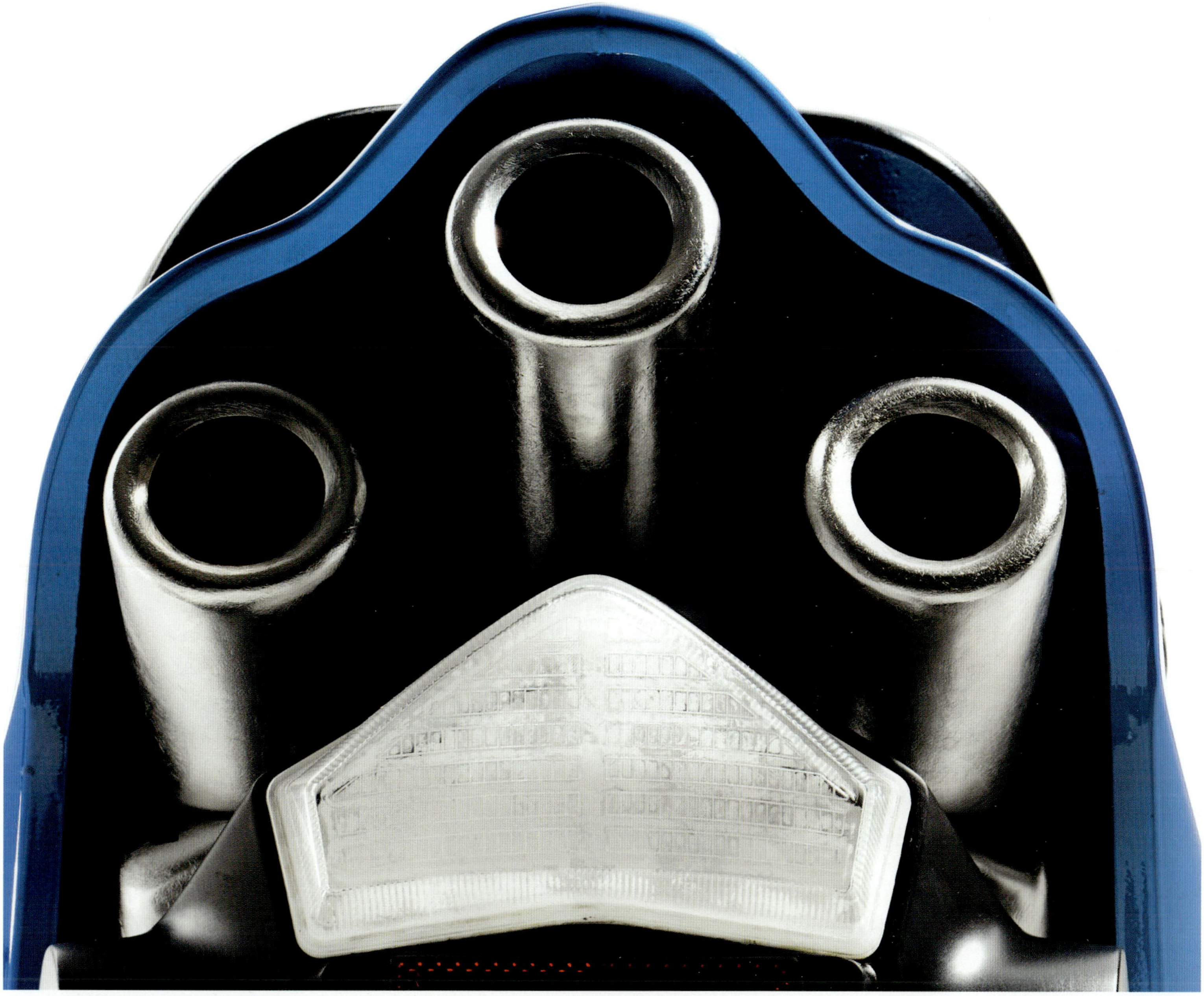

Sprint ST 1050

“旅行的时候就无法骑跑车？
Sprint ST 给您不一样的答案……”

Trophy 1200 SE

2012 年

尊贵的旅行车

柏林
尽管它有许多优良品质，Trophy 1200 SE 却没有迎来凯旋期望的成功，这款车在 2017 年停产。右页图是 2013 年的款式。

自 2003 年以来，凯旋从未涉足过长途旅行摩托（Grand Touring，简称 GT，也译作耐力车）这个细分市场，但在 2012 年，凯旋重新推出了 Trophy。自从约翰·布卢尔在 90 年代初复兴该品牌以来，这个名字已经成为旅行车的代名词。而这正是这款新车型的特点，它的设计令人直接联想到耐力摩托中的女王——宝马 R 1200 RT。这款 Trophy 使用了 Tiger 1200 的 1215 毫升直列三缸发动机，其功率为 134 马力，扭矩为 12.2 牛·米。除了数据之外，这款摩托的驾驶体验更是令人印象深刻，因为发动机的动力和潜能似乎无穷无尽。其三缸发动机的平顺性和弹性使骑手能够驾驶着它在城里用六挡漫步，以 1000 转 / 分钟缓行，然后像风一样，迅速达到 220 公里 / 小时的最高速度。说到风的问题，作为骑手或乘客，在乘坐这款摩托时都不会受到风的影响。符合空气动力学原理的设计为这款气势恢宏的 GT 摩托提供了一流的保护，并由一个带有位置记忆的电动调节装置为车手提供良好的支持。车上各类设备非常完整：线控油门、牵引力控制、巡航控制、加热手柄和鞍座、可调节的驾驶员座椅、车载电脑、12V 插座、辅助驾驶员插座、自动转向灯、耦合制动系统、ABS 装置；SE 版本在此基础上增加了试验性悬挂系统、胎压控制传感器，此外还有带蓝牙系统的音频 /MP3 设备，可用于连接手机或对讲机。就连行李箱也安装配备了一个复杂的系统，称为 TDLS（Triumph 动态行李箱系统），它允许 5° 左右的移动调节，以吸收冲击，在装载时也不会影响摩托的稳定性。这款车的驾驶体验令人安心，因为车子的平衡性非常好，在低速时移动很简便，在高速时则提供了宁静的驾驶体验。

Trophy 1200, 2012

3 缸直列，4 冲程，水冷，双顶置凸轮轴，每缸 4 阀门，1215 毫升（85 × 71.4 毫米），8900 转 / 分钟时有 134 马力，6450 转 / 分钟时有 12.2 牛·米，燃油喷射，6 速变速箱，链条传动，铝制边框，倒叉 43 毫米，单减震器，前刹 320 毫米双盘，4 活塞卡钳，后刹 282 毫米单盘，前轮胎 120/70 × 17，后轮胎 190/55 × 17，干重 295 千克。

Trophy 1200 SE

“作为凯旋的旗舰车型，
它的续航力惊人。”

TRIUMPH

拉力车
ADVENTURE

Tiger 955i

2001 年

拉力车中的跑车

野性

尽管这 Tiger 外形圆润，但它的内心却隐藏着一台愤怒狂野的马达。右页上图是 2001 年的第一款，下图是 2006 年的款式。

在代托纳 200 英里大赛上崭露头角四年后，凯旋为 Tiger 系列新装配了 955 毫升排量的燃油喷射式三缸发动机。这款发动机广受媒体的赞扬，并使得凯旋越野摩托在 2001 年发布时成为同类产品中性能最强的车型之一。当年发布的凯旋 Tiger 955i 没有越野能力，却是一款很棒的旅行摩托。其 24 升的油箱使得续航保证达到 400 公里。车子的驾驶位置无论对于高个子还是矮个子的车手来说，都非常舒适。不过小个子的车手确实会对座位宽度和高度感到有点不适应。在满油的情况下，这款凯旋 Tiger 相当重，并不适合在拥挤的城市道路骑行。它更适合出现在宽广的开放空间，而开阔的使用场景也是这款机车的设计初衷。此外，车子的发动机已经为适配公路使用而进行了调整，采用了与过去不同的凸轮轴和重新加工的喷射系统。它在低转速时能轻松启动，并发出如猛兽般的咆哮轰鸣。

这款车的加速度可以说快得令人心悸。当时，没有任何其他大型摩托能发挥如此强劲的引擎特性，甚至连跑车的发动机也难以与之比肩……轻松、活力和个性完美地概括了这款发动机的特点。它唯一的缺点是夏天驾驶会感到很热。除去略显笨重之外，首批出品的该款机车表现非常完美。

2004 年，Tiger 955i 的外观发生了改变，车子装配了一个新的前端，摇臂也缩短了，从而缩短了轴距并将前倾角从 28° 减少到了 25.8° 。这种改变使车子变得更易于操纵。悬挂系统使得车子的舒适性有所增强。此外，尽管前叉部分在 2004 年也进行了调校，但车子在要求性能的使用场景中仍显得有点脆弱。

尽管如此，955i 确实令 Tiger 系列打入了越野摩托类别，并且为未来凯旋 Tiger 1050 和 800 的推出打下了基础。

Tiger 955i，2001

3 缸直列，4 冲程，水冷，双顶置凸轮轴，每缸 4 气门，955 毫升（79 × 65 毫米），9500 转 / 分钟时有 105 马力，4400 转 / 分钟时有 9.3 牛 · 米，萨基姆喷射，6 速变速箱，二级传动采用链条，管状钢架，前叉 43 毫米，单减震器，前刹双盘 310 毫米，2 活塞卡钳，后刹单盘 285 毫米，前轮胎 110/80 × 19，后轮胎 150/70 × 17，干重 215 千克。

Tiger 955i

“无论如何，
英国三缸机能够吸引
那些最具冒险精神的心……”

Tiger 1050 Sport

2007 年

崛起的猛虎

篮球鞋

从 2007 年开始 Tiger（右页下图）拥有了一双“运动鞋”，可以在路上更有力地奔跑。2013 年（右页上图），然后是 2016 年，Tiger 一次又一次改良……

2007 年的车型标志着新凯旋 Tiger 系列的设计发生了根本性的变化。高大的、令人印象深刻的耐力车不见了：由意大利米兰的马拉贝塞工作室重新设计之后，Tiger 拥有了修长的轮廓，变得更加温顺。重新设计后的 Tiger 1050 采用了 Speed Triple 的发动机。这款 1050 毫升的三缸发动机适用于更多的公路骑行，风格不那么激进。该发动机的功率更大，但在转速范围中间有更大的扭矩，使其在整个使用范围内反应更灵敏。尽管由于刻意减小了排气声浪，该引擎的发动声音没有 Speed Triple 那么狂野，这款摩托车仍然保持着其独特的魅力，在摩托车手中赢得了当之无愧的声誉。车座的设计使得 Tiger 1050 的骑行姿势比 Speed Triple 更轻松。其底盘悬挂令其骑行体验与街车相比更加有趣和舒适。可以说，Tiger 1050 兼具现代性、易用性和骑行乐趣，但这还不是它全部的优点：从 2009 年开始，为了增强长途旅行摩托的属性，凯旋为其客户提供了一个更适合公路行驶的版本，称为 SE（特别版），配备了护手和边箱。这一替代方案不会阻止英国制造商在 2013 年最终选择运动版。新手可能会忽略这种变化，但经验丰富的骑手会欣赏这种更富内涵的演变。Tiger 1050 运动版更加优雅，有一个更细的前叉头和单边摇臂，但它也提供了更多的性能，功率增加 10 制动马力，达到 125 制动马力。该机车的底盘更加稳定和精确，这部分归功于其有效调校的悬挂系统。2016 年，得益于精致的底盘和更注重舒适性和实用性的骑行人体工程学，骑行者能够愉快地驾驶这款大型的旅行车。

Tiger 1050，2007

3 缸直列，4 冲程，水冷，双顶置凸轮轴，每缸 4 阀门，1050 毫升（79 × 71.4 毫米），9400 转 / 分钟时有 115 马力，6250 转 / 分钟时有 10.2 牛 ·米，燃油喷射，6 速变速箱，链条驱动。铝制周边车架，倒立式前叉 43 毫米，单减震器，320 毫米双盘前刹，4 活塞径向卡钳，255 毫米单盘后刹，前轮胎 120/70 × 17，后轮胎 180/55 × 17，干重 198 千克。

Tiger 1050 Sport

“向这款车致以最高的敬意。”

Tiger 800

2011 年

接近巅峰之作

多个版本

和 1200 一样，Tiger 800 也有许多版本。右页图为 2015 年版本：上方是 XR，下方是 XRx。2015 年版本（第 186 页）和 2016 年版本（第 187 页）在后文。

车手与 Tiger 800 之间的美丽共鸣是基于其纤细、紧凑和不太宽的车把。当然，与超过 1000 毫升的大耐力摩托相比，Tiger 系列很小、很容易上手。这是一种更简单的骑行方式，车手不需要去驾驭车子和道路，只要骑着车子就能逐渐适应它。这款车可玩性很强。它的三缸发动机看起来与 Street Triple 的 675 不太一样，曲轴箱和汽缸盖相似，但冲程增加了近 10 毫米，达到 799 毫升，变速箱（Tiger 比 Street 长）、进气和排气系统也都与 Street Triple 的不同（不过节气门体是一样的）。一个真正的耐力引擎诞生了，这是一款轻松而平稳的引擎。作为一款三缸机而言，它还缺乏一点儿气质，中段反应稍显薄弱，也欠缺了一点令人振奋的加速，但它与底盘的相性非常出色。其风格诉诸中庸、简单、直觉，非常适合追求简单的骑行心情。

自 2011 年发布以来（尽管在 2010 年就宣布了消息，正式发布还是在 2011 年），Tiger 800 共推出了两个版本：一款带有辐条轮辋和 19 英寸前轮；另一款名为 XC，带辐条轮辋和 21 英寸前轮。XC 款拥有不同的悬挂系统，一个 45 毫米的昭和（Showa）前叉（Tiger 800 为 43 毫米）和更高的座高，低至 845 毫米，高至 865 毫米（另一款分别为 810 毫米和 830 毫米）。这两款车型在其他方面完全相同，如管状钢架、摇臂、可选配的 ABS 制动以及 95 马力的三缸发动机。

Tiger 800 的主要吸引力在于其稳定性和操控性的极佳平衡。这款车的轴距较长（1555 毫米，XC 则多出 13 毫米），确保了车子在所有行驶情景下都很稳定，无论是在过弯、加速出弯还是急刹车时。此外，小巧的轮胎（800 型后轮为 150 毫米，前轮为 100 毫米，XC 为 90 毫米）使得 Tiger 800 较其他三缸车而言更易于操纵。骑行时车手甚至常常会忘记 Tiger 800 是一台大型摩托车。车子配备的三缸发动机没有此前的 955 或未来的 1200 那么强劲，但其紧凑的设计使得机车的配重更加合理。它的重量（干重 214 千克）很大，特别是在静止状态下，但启动之后骑手就感觉不到这份压力了。

Tiger 800 XR & XRx

“其多功能性体现在每时每刻、方方面面。”

TRIUMPH
TIGER

2015 年，凯旋对 Tiger 800 做出了改良。工程师为其发动机增加了一个电子油门（ride by wire），由一个新的喷射箱调节。牵引力控制和 ABS 系统则被纳入标配。改良后的 Tiger 仍然有两个版本，XR 更适合公路骑行使用，而 XC 更适合越野使用。这两个版本均有基础配置款和更好配置的“x”款，即 XRx 和 XCx。XR 的昭和牌悬挂被 WP（White Power）取代，完全可调，用于 XC。第二代 Tiger 以其完成度的高质量给人留下深刻印象。XCx 仍然以其辐条式轮辋、发动机周围的保护杆、大型铝制蹄铁而与众不同。最明显的变化是 XC 的 WP 悬挂，它比 XR 更软。机车在制动时的倾角更大，这些姿态上的变化使它很难在公路上跟上 XR 的步伐，但它确实在山路上有优势。预先设置的越野模式有助于在棘手的情况下控制摩托车。可湿性粉剂悬浮液是一个很好的解决方案。无工具可调的前叉和后部组合，在使后轮尽可能地与地面接触方面发挥了神奇的作用。

Tiger 800 是一款真正的、配置和谐的耐力摩托。平稳而强大的三缸发动机与一流的底盘相结合。这款车几乎适合每一位车手：无论是公路赛车手还是越野探险车手。Tiger 的功率处于第一梯队。但对于追求发动机性能的爱好者而言，Tiger 的表现显然受到排放标准的限制：这些标准迫使车厂减小发动机排量并控制其噪音分贝，不过三缸机的超线性也使其驾驶感觉更加平滑。除此之外，这款车在各方面的表现几乎是无可指摘的，并且几乎所有的专业媒体测评都将其列为顶级的车型。

Tiger 800, 2011

3 缸直列，4 冲程，水冷，双顶置凸轮轴，每缸 4 气门，799 毫升（74 × 61.9 毫米），9300 转 / 分钟时 94 马力，7850 转 / 分钟时 8.05 牛 · 米，电子喷射，6 速变速箱，链条二级传动，钢管棚架，43 毫米倒置前叉，单减震器，308 毫米双盘前刹，2 活塞卡钳，255 毫米单盘后刹，前轮胎 110/80 × 19，后轮胎 150/70 × 17，干重 219 千克。

Tiger 800 XR & XRx

“车手的极限就是 Tiger XC 唯一的极限。”

Tiger Explorer 1200

2012 年

舒适的拉力摩托

夸张

无论在 XR 还是在 XC 版本中，Tiger 1200 都是一款全能车型。第 190 页为 2013 年的 XC。第 191 页为 2016 年的 XR。

Tiger Explorer 1200 在 2011 年底的米兰车展上亮相，当时所有的制造商都羡慕宝马 R 1200 GS 的成功，并仿照它生产了具有自家特色的车型。凯旋依旧选择了三缸发动机，并为这款 Tiger 设计了一个 1215 毫升排量的发动机，几个月后，Trophy 款街车也将用上这台发动机。2016 年，Tiger Explorer 经过了一系列改良演进，共计有七个版本（从基本款“XR”到顶配的“XCa”）。

第一版的 Tiger Explorer 相当重（满重为 259 千克），乍看很低调，但性能非常强大。这是一款豪华的老板摩托。其舒适的折叠式座椅、宽大的体积和柔软的底盘，能给予车手行驶在气垫上一般的极致体验。Tiger 1200 拥有大型街车和拉力车的品质。标准配置包括巡航控制、显示各种信息的仪表盘（平均油耗、瞬时油耗、平均速度、骑行时间、外部温度、挡位指示器，只用左手拇指就能操作）、ABS、牵引力控制、手动调节座椅高度（2016 年起部分版本采用电动调节）。因此，为其安装的 950W 的大型交流发电机是必要的，以确保该设备的正常电力运行。

与其说是迈上 Tiger 1200，不如说是钻进这款车，因为这款车子很宽，并且非常高，尤其是对那些身高 1.75 米以下的人来说。车手启动 Tiger，它轻轻发出温顺的、三缸机的闷响。它发出动物般的呼噜声，服从车手的命令，并以英国管家般的谨慎和效率执行任务。它强力的引擎仍不失灵活性和线性。这台发动机启动的力量不会让车手感到粗暴。或许 Tiger 1200 缺乏一点活力，但它能够以同样的能量在任何转速下提速，能够完美地过滤掉那些粗糙的体验，没有人会因此而责怪它。工程师们的这款作品接近完美。只说“接近”是因为这台机器使用了线控型手柄，其电缆不直接操作方向盘，而是将骑手的意愿通知电机。这个手柄灵敏性过高，需要车手花些时间来适应，这一瑕疵后来在 2016 年的版本上得到了纠正。此外，Tiger 1200 的电子设备和重量带来了另一个负面影响，那就是它的油耗，在常规使用中达到每百公里约 7.5 升。

Tiger Explorer 1200

“拥有温和的力量，适用于越野中的所有地形。”

TRIUMPH

2012 年至 2016 年的版本提供了良好的悬挂舒适性，但前叉太软，这导致车头在入弯时表现不正常。自 2016 年以来，这一点已经通过修改前叉得到了纠正。一些车型甚至配备了非常有效的 WP 半主动悬挂系统。舒适度仍然处于良好的水平，Tiger 系列摩托在改进后驾驶体验更好了，尽管在稳定速度时仍不太自然——三缸机的高度导致了这种体验，在转弯时，有时候它给人一种轻微的坠落感。

2015 年底发布的七个版本各自提供了不同的装备配置。其中 XRx 和 XCx Low 专门为身高 1.75 米以下的骑手设计了一个镂空座椅。

最昂贵的 XCa（2016 年在法国为 19700 欧元）就是豪华的代名词：加热座椅和车把，电动调节，包含越野在内的三种模式，雾灯，胎压监测系统，TSAS 半自动悬挂，巡航控制，车载电脑……

XR 是最便宜的版本（2016 年在法国售价为 15400 欧元），有可调节的 WP 牌悬挂、一个更平滑的新离合器、Brembo M 4.32 前制动卡钳和一个中央支架。至此，Tiger 系列已经成为一款能够适应各种路况的大型拉力摩托。

Tiger Explorer, 2012

3 缸直列，4 冲程，水冷，双顶置凸轮轴，每缸 4 气门，1215 毫升（85×71.4 毫米），9300 转 / 分钟时 135 马力，6400 转 / 分钟时 12.3 牛·米，电子燃油喷射，6 速变速箱，二级传动采用轴和万向节，管状钢架，46 毫米前叉，单减震器，305 毫米双盘前刹，4 活塞卡钳，282 毫米单盘后刹，前轮胎 110/80 × 19，后轮胎 150/70 × 17，满重 259 千克。

Tiger Explorer 1200

“XR 和 XC 版本的 Tiger Expoler 1200 能带来极致的骑行体验。”

现代复古

MODERN CLASSIC

TRIUMPH

现代复古

Bonneville

2000 年

标志性 2000

TRIUMPH
TRIUMPH

TRIUMPH

名称不变，概念也不变：一个具有足够扭矩的双缸发动机、一个高度可变的底盘和简洁的经典设计。在复活 Bonneville 这个摩托车界最受尊敬的名字时，凯旋公司复刻了其著名的水平双缸发动机的外观、感觉和精神，同时将其概念带到了现代。通过这些，凯旋在 2000 年推出了一款传奇摩托车复刻系列。第一辆 Bonneville T120 于 1959 年推出，它的名字源于车手约翰尼・艾伦在美国博纳维尔湖的盐滩上取得的速度纪录。Bonneville T120 对凯旋来说是一个巨大的成功，特别是在美国市场，直到 1983 年结束生产。“我们设计团队的首要任务之一是决定将哪辆老款 Bonneville 作为这台新车的灵感来源，”凯旋公司称，“这很难选择，因为距离首款 Bonneville 诞生已经过去了近 30 年，这一系列有无数的造型和技术演变——很少有两个 Bonneville 车迷能在哪台才是最佳版本的问题上达成一致！”经过反复讨论，凯旋考虑到性能、设计和市场定位等因素，决定选择 60 年代末的 Bonneville T120——准确地说是 1968 年的型号，认为它是该系列发展的顶峰。该项目于 1997 年 4 月开始。2000 年 9 月，当新款 Bonneville 在德国慕尼黑 Intermot 车展上亮相时，专业媒体对它的造型大加赞赏，因为它与前代车型的造型非常相似。凯旋的设计团队使新发动机在视觉上尽可能与旧发动机相似。发动机前部的油管被设计成类似于旧型号的摇臂式杆管。这款新发动机与原来的发动机一样是风冷的，但它的不同之处在于它有双顶置凸轮轴，而不是旧型号的摇臂式杆管系统。与其前身一样，这款立式双缸车以 360° 调校，即两个活塞上下一致地移动，但排量是新的。在研究了保留上一次调整中使用的 650 毫升甚至 750 毫升排量的可能性后，开发团队选择了 790 毫升的排量，在 7400 转 / 分钟时提供 62 马力的动力。新的双缸发动机在低转速时线性很强，并且爬升转速较快，但对一些人来说，它有点过于线性。这影响了其早期的销量。

Bonneville, 2000

2 缸直列，4 冲程，风冷和油冷，双顶置凸轮轴，每缸 4 阀门，790 毫升（86 × 68 毫米），7400 转 / 分钟时 62 马力，3500 转 / 分钟时 6.1 牛・米，2 化油器，5 速齿轮，链条传动，管状钢架，41 毫米伸缩前叉，双减震器，310 毫米单盘前刹，2 活塞卡钳，255 毫米单盘后刹，前轮胎 100/90 × 19，后轮胎 130/80 × 17，干重 205 千克。

Bonneville
“一个不断演变的神话。”

演进

第 195 页是 2009 年的 Bonneville 50 周年纪念版。第 196 页是 2013 年版本，2015 年的车型在第 197 页。下图为 2014 年的 T100。

优雅回归

2002 年，Bonneville T100 款加入了 Bonneville 系列，其外观更加经典。此外，在简单的速度表之外加上了转速计是其特征之一。2005 年，T100 的排量增加到 865 毫升，该排量在 Thruxton 系列车型上已经使用过了。发动机本身的功率没有变化，但它变得更加令人愉快和顺滑了。2008 年，现代经典系列（Modern Classic）的各款车型均引入了燃油喷射技术，发动机功率也因此有了小幅提高。2009 年，凯旋发布了 Bonneville 的 50 周年纪念版，只限量生产了 650 台，这批车子

Bonneville T100
“永不过时的品位。”

的排量与最初的版本相同。这一年还标志着该款车的重大演变，这款车安装了 17 英寸的车轮（而不是 T100 的 19 英寸前轮），从而使机车变得更容易操控，这要归功于重新设计的骑行姿势、降低的座位高度和灵活性的提高。与此同时，T100 款也被保留了下来。2010 年前后，复古潮流占据了上风，加之个性化浪潮的推动，Bonneville 车型大有卷土重来之势。人们在寻找简单、真实、易于改装的摩托车。凯旋利用这一风潮，继续生产了许多基于 Bonneville 的特别系列，从 2011 年的史蒂夫·麦奎因版到 Ace（参考 Ace Café London）、New Church、T214 和 Spirit 车型都有。2000 年的 Bonnevilles 继续其职业生涯，直到 2016 年被 1200 毫升 Bonnevilles 和 Street Twin 系列取代。

Scrambler 900

2006 年

纯粹的探索

四处
无论在城市，还是在越野旅行中，这款车都散发出一种简单、自由的气息。右页上图是 2006 年款，右页下图是 2015 年款。

它不是越野车冠军，也不是最好的旅行车。它不是最轻的，也不是最快的。然而，这款凯旋在 2006 年推出的全新车型，将使被遗忘的潮流再次风靡：20 世纪 60 年代的 Scrambler。从技术角度而言，Scrambler 与 Bonneville 非常相似，其设计理念就像当时渴望自由的美国年轻人常做的那样：将一辆公路摩托（当时唯一可用的摩托车类型）改装成越野车。在那些充满开创性的日子里，统治市场的英国双缸摩托被安装了新菱状轮胎、大车把和升高的排气管，以增加其离地间隙。Scrambler 风格由此诞生。除了宣扬"做你想做的事，去你想去的地方"的摩托车精神外，Scrambler 还受到了电影明星史蒂夫·麦奎因的青睐，最引人注目的是他作为美国队的一员骑着凯旋 TR6 SC（TR6 C 的赛车版本）参加了 1964 年的 ISDT 大赛。因此，当设计师约翰·莫克特接手这个项目时（这是他为凯旋设计的最后一款车），他的灵感来源显而易见。"TR6 C 的特征非常强烈，"他解释说，"所以设计的核心在于，在现代背景下延续当时的关键特征，从而创造出类似的东西。最大的挑战在于如何保留排气管的独特风格。我感到自豪的是，我们成功地将交叉管保留了下来，尽管我们不得不将其移到右侧而不是左侧，因为电池仓的位置很碍事儿。"这种风格与血统使 Scrambler 很快在市场上确立了自己的地位。尽管 Scrambler 拥有 270 毫升的排量，但其低调的特性也帮助它吸引了更多的城市车手，他们往往是被其轻松休闲的风格吸引，而非折服于其传统的魅力。

Scrambler，2006

双缸直列，4 冲程，风冷和油冷，双顶置凸轮轴，每缸 4 阀门，865 毫升（90 × 68 毫米），7000 转 / 分钟时 55 马力，5000 转 / 分钟时 7 牛 · 米，2 化油器，5 速齿轮箱，链条传动，管状钢架，伸缩叉 41 毫米，双减震器，前刹单盘 310 毫米，2 活塞卡钳，后刹单盘 255 毫米，前轮胎 100/90 × 19，后轮胎 130/80 × 17，干重 205 千克。

Scrambler 900

“幸福就像一台 Scrambler 那样简单！”

Thruxton 900

2004 年

车手模式

Bonneville 中的仿赛

参考 1965 年的 Bonneville Thruxton，这是一款现代咖啡赛车。右页上图是 2005 年款式。右页下图是 2015 年的 Ace 版（2014 年推出）。

骑行的仪式感令人愉悦：打开油门，拉开化油器的扼流圈，启动大灯旁的点火装置。Thruxton 在隐隐的轰鸣声中醒来，载着车手开始飞驰。多么美妙的气氛啊！瞥一眼铝板上的计数器。将手腕搭在车把上，双脚抵着踏板，这就是咖啡赛车的驾驶体验。车上的黑白棋盘式条纹涂装证实了这一点。在前面，在蜿蜒的、有树篱的二级公路上，天已经亮了：气氛如此具有英式风格。一直都表现低调的 Thruxton，终于在 5000 转 / 分钟之后展露了真正的实力。车子开始起飞，直到 2500 转 / 分钟之后到达红色区域。这款立式双缸发动机采用了 Bonneville 的 790 毫升发动机，但其缸径超过 865 毫升，具有超方的发动机尺寸（缸径大于冲程）。当车手真正推动它时，它发出隆隆声，开始飞驰。车子的底盘也恰恰适合这种骑行风格。在音乐停止之前就能赶到王牌咖啡馆（Ace Café）。一台机器提供的美妙体验与它的性能一样重要。2004 年发布的 Thruxton 900 标志着对追求骑行乐趣风潮的回归。Thruxton 令人回忆起 20 世纪 50 年代咖啡骑士被遗忘的味道，那些在伦敦郊区两个咖啡馆之间的摩托车比赛，秒表是点唱机中旋转的记录。一些纯粹主义者认为它的轮廓很迷人，但机械装置太过光滑。Thruxton 是以一家英国赛车场命名的，因为 60 年代凯旋在那里取得了许多成功。这款车为当今一种非常流行的时尚——咖啡骑士的回归做出了贡献。2008 年，这辆机车安装了燃油喷嘴，装在假化油器中，其腕带也被换成了外观不那么具有攻击性的凸起车把。其最后一款改良版是 2015 年推出的、向伦敦王牌咖啡馆致敬的特别版。

Thruxton，2004

双缸直列，4 冲程，风冷和油冷，双顶置凸轮轴，每缸 4 阀门，865 毫升（90 × 68 毫米），7400 转 / 分钟时 70 马力，5750 转 / 分钟时 7.3 牛 · 米，2 化油器，5 速变速箱，链条驱动，管状钢架，伸缩叉 41 毫米，双减震器，前刹单盘 320 毫米，2 活塞卡钳，后刹单盘 255 毫米，前轮胎 100/90 × 18，后轮胎 130/80 × 17，干重 205 千克。

Thruxton 900
“阐释令人捉摸不定的
极速精神。”

Bonneville T100

2017 年

街头风景线

遗产

现代的设计，因为它源自 Street Twin，T100 同时也传承了著名的 Bonneville 系列衣钵。

让摩托车流行起来的第一步是不要吓跑那些被摩托车散发的自由光环所吸引的人。凯旋已经制定了一项以无门槛和对新手友好为重点的战略。多年来，制造商满足于向新骑手提供所谓的“基本款”摩托车，基本都是一些不太有吸引力的车型。凯旋开发 Street Twin 系列的方法是相当不同的。为了吸引这些新骑手——他们要么是初学者，要么是寻找既不太大也不太重的摩托车的女性骑手，或者在长期休息后重返摩托车运动的骑手，这家位于欣克利的制造商专注于某些关键要素：摩托车必须漂亮而有吸引力，其动力必须合理，但其排量必须得体，其操作必须结合易用性和安全性，最后，其价格必须是可承受的，但不一定低，因为凯旋希望加强其高端定位。新的 T100 完美地符合了这些条件。由于Bonneville系列在2016年T120推出后，在尺寸和排量上均有所增长，尽管它有良好的表现和操纵性，但它不再一定能满足这种“无门槛”的概念。同年推出的 Street Twin 则拥有更现代的外观。2017 年，运动型的 Street Cup 和冒险型的 Scrambler 也加入该系列。为满足以上需求，Bonneville T100 的外观与 T120 一模一样，但技术特点是从 Street Twin 上借鉴的。事实上，相较于 Street Twin，T100 只是几何形状更加保守，车头更加开放（25.5°，间隙 104 毫米），轴距更长（1450 毫米），重量略有增加（213 千克）。因此，它保留了 Street Twin 的整体便利性，只是少了一点动力，同时稳定性方面有所增加。

Bonneville T100，2017

双缸直列，4 冲程，水冷，单顶置凸轮轴，每缸 4 阀门，900 毫升（84.6 × 80 毫米），5900 转 / 分钟时 55 马力，3230 转 / 分钟时 8.2 牛 · 米，线控喷射，5 速齿轮箱，链条驱动，双钢架，前叉 41 毫米，双减震器，前刹 310 毫米单盘，2 活塞卡钳，后刹 255 毫米单盘，前轮胎 100/90 × 18，后轮胎 150/70 × 17，干重 213 千克。

Bonneville T100
“历史正在续写……”

现代复古

Street Twin

2016 年

扭矩骑行

TRIUMPH

简单（上图）
与 T100 相比，Street Twin 的风格略微更现代化一些。

签名
铭牌在汽缸的底部，Street Twin 让人想起了它与传奇的 Bonneville 的关系。因为它虽然有现代的液冷，但保留了优雅的外观。

2001 年重新出现的 Bonneville 在凯旋的产品目录中保留了 14 年之久。直到 2016 年，这一车型发生了根本性的改变，甚至连名字也改掉了，Bonneville 这一名称此后被用来称呼 1200 毫升的 T120。原本的 Bonneville 被重新命名为 Street Twin。Street Twin 拥有新的 900 毫升水冷发动机、新底盘和新设计。凯旋的这款新车符合新的欧 IV 排放标准和欧洲关于驾驶执照新规定的要求。这项改版工作几乎动员了公司所有的工程师、技术人员和设计师团队，因为这台新车的目标是在新复古市场上创造新的辉煌，这一节点也被凯旋视为品牌的关键时刻。

底盘工程师和开发车手大卫·洛佩兹对新款车的分析如下："我们遇到的主要问题是摩托车的风格。这种新复古迫使你有一个长长的引擎。对于运动型摩托车来说，工程师一般将变速箱安置在汽缸组的后面以获得长度。Bonneville 则不然。特别是设计者认为如果变速箱看起来像一个预制单元（就像 1962 年以前 Bonneville 系列的独立变速箱）会更好。但我们想让摩托更易骑，所以我们只能把它设计得更短，并把更多的重量放在前面。通常情况下，我们需要六个月的时间来开发一个符合工厂要求的原型。而这回，我们花了 18 个月时间，进行了三次不同的尝试。同时由于车把位置更靠前，车手骑行时重心也靠近摩托车前部。"

Street Twin
"扭矩摩托，带来无匹的城市骑行体验。"

Street Twin® 2016

双缸直列，4冲程，水冷，单顶置凸轮轴，每缸4阀门，900毫升（84.6 × 80毫米），5900转/分钟时55马力，3230转/分钟时8.2牛·米，电子点火及电子喷射，5速变速箱，链条二级传动，双钢架，前叉41毫米，双减震器，前刹双盘310毫米，2活塞卡钳，后刹单盘255毫米，前轮胎100/90 × 18，后轮胎150/70 × 17，干重198千克。

FH020AA

从头开始

细节

和大多数品牌的摩托车一样，凯旋自豪地把它的 Logo 铭牌贴在许多地方，以突出极高的完成度。

新旧两款摩托并不共享任何部件，甚至可说是没有任何共同之处。自 2001 年凯旋公司将其复刻以来，邦尼（Bonnie）的转速一直很高，基本上在 62 和 68 制动马力之间调整波动。而 Street Twin 的动力则相对较低（14 马力），而且发动机的外观已经完全改变。其更加圆润的特性和中档的可用性适合休闲使用。

首席工程师伍德证实了这一点："扭矩是此类摩托中最重要的东西。想想看，这台车在 3230 转 / 分钟时有 8.2 牛 · 米，而 2015 年的 Bonneville 在 5800 转 / 分钟时只有 6.9 牛 · 米。它的发动机的特性非常明显，Bonneville 是一辆为城市环境和扭矩骑行设计的摩托。"

在使用过程中，发动机扭矩的增加在城市路况下是很明显的，低转速的反应比老款 Twin 车型更强烈。这款车的驾驶体验更令人愉快。非常低的座位高度和接近油箱的纤细座椅，使它更容易登上和驾驶。这辆车的操控性和精确性是无懈可击的。根据凯旋的功率和扭矩曲线，双缸发动机在 2500 至 4500 转 / 分钟之间处于最佳状态。在 5900 转 / 分钟时，达到 55 马力，然后功率曲线就会下降。该发动机组最初被设计为 1200 毫升的发动机，用于 Thruxton 和 T120 车型，但其缸径尺寸从 1200 的 97.6 毫米缩小到 84.6 毫米，使其成为 900 毫升。270° 的发动机正时，比 360° 的正时产生的振动更小，被保留下来。

凯旋对零件的制造质量和完成度非常重视。大灯夹、隐藏燃油喷射体的铝制部件、油箱、速度表、后视镜、发动机壳体和隐藏液体冷却通道而外观承袭 60 年代风格的汽缸等。

Street Twin 称得上是一款伟大的摩托车。

Street Twin

"Street Twin 因其极致的制造品质而闪耀。"

Street Cup

2017 年

休闲竞速

巅峰极速

在 20 世纪 50 年代，最快的摩托车手，那些平均时速超过 160 公里 / 小时的人被称为“Ton-up Boys”。这辆车一直保持着这种精神。

轮子转起来了。时尚的循环也是如此。自 20 世纪 70 年代初被遗忘后，咖啡骑士的时尚在 90 年代末悄悄再次兴起，并在 21 世纪最初几年逐渐成为一种生活方式。唯一不同的是，对性能的追求不再是咖啡骑士关注的重点，在 20 世纪 50—60 年代，对绝对速度的追逐引导年轻的伦敦摩托车手进入机械改装领域，以便他们的钢铁骏马能够像闪电一样在两个酒吧之间奔跑，而今则主要是公路和超跑型摩托爱好者继承了这种追求速度的理念。如果说咖啡骑士的风格依旧，那么其精神内涵则在不断发展。例如，凯旋 Street Cup 是一款现代咖啡赛车，不是一款激进的摩托车，而是以一年前推出的 Street Twin 为基础的城市仿赛。事实上，2016 年时凯旋已经重新整理了其经典系列车型。2000 年的那款 Bonneville 900 消失了。但凯旋公司并没有简单地选择增加其传奇摩托车的排量。这家英国制造商也考虑到了新一代摩托车手的需求。有很多人正期待着重新找回骑摩托车的乐趣。凯旋法国公司总经理的发言证实了这一点：“越来越多的人回归到摩托车运动中，所以我们推出了易于骑行且美观大方的摩托车，并收获颇丰。”“无门槛”是 Street Twin 系列的关键词，该系列现在包括 Street Twin、Street Cup 和 Street Scrambler。

非常温顺

Street Cup 是 Street Twin 系列的运动型摩托。车把向下弯曲，适用于轻松、好上手的骑行姿势，无须对握把施加较强的压力。液冷立式双缸机与 Street Twin 相同，包括其功率（55 马力）和扭矩（8.2 牛・米）值，但其喷射曲线已经适应了新的排气系统。

变化更多体现在摩托车的几何形状上。为了提高车头位置，并使车子在转弯时有更灵敏的表现，开发团队选择了一对长 8 毫米的后减震器。因此，车头略显紧凑（24.3° 和 98.7 毫米，而不

Street Cup

“想要感受跃动的摇滚精神？
很简单，骑上 Street Cup……”

TRIUMPH

是 25.1° 和 102.4 毫米)，轴距略短（减去了 4 毫米)。Street Twin 的中性和明显的操控性仍然存在，在弯道中的效率更高。凭借其舒适、轻松和精确的风格，Street Cup 让骑手感到放心，并令车手能在蜿蜒的道路上享受乐趣。诚然，55 马力的最大功率并不难控制，但选择偏重于中段的扭矩和功率，带来了一定的乐趣，即使不太老练的骑手也可以从中感受和学习。双缸引擎显示出明显的灵活性，包括在五挡和最后一挡，可以实现平顺的降速，到 2000 转 / 分钟以下也没问题。在 2750 至 4750 转 / 分钟之间运转时，它的表现毫不勉强，在 5900 转 / 分钟时达到最大功率，并发出低沉、不嘈杂的轰鸣声。这款车非常吸睛：漂亮的座套（作为标准配置提供），精美的表面处理，阿尔坎塔拉风格的座椅，增强了银色的缝线，两个易于查看、信息丰富的仪表盘。除了精致的外观之外，它也悄悄应用了相当现代的电子技术，比如电子线控油门、可断开的牵引力控制、最新一代的 ABS。凯旋甚至提供加热手柄和巡航控制作为可选项。这款咖啡骑士是一辆装备完善、状态良好的摩托车。

Street Cup
“运动，别致，简约。”

Street Cup，2017
双缸直列，4 冲程，水冷，单顶置凸轮轴，每缸 4 阀门，900 毫升（84.6 × 80 毫米），5900 转 / 分钟时 55 马力，3230 转 / 分钟时 8.2 牛 · 米，电子点火及电子喷射，5 速变速箱，链条二级传动，双钢架，前叉 41 毫米，双减震器，前刹单盘 310 毫米，2 活塞卡钳，后刹单盘 255 毫米，前轮胎 100/90 × 18，后轮胎 150/70 × 17，干重 200 千克。

Street Scrambler

2017年

轻松骑行

轻松

发动机在低转速下表现优越，甚至比它的兄弟 Street Twin 还强，所以该车型驾驶起来轻松得难以置信。

你知道做生意的秘籍：利用标准化来确保品牌稳步发展。凯旋的标志性掌门人爱德华·特纳在 20 世纪初就已经通过围绕几个非常相似的机械基础构建他的摩托车系列来优化其生产。到了英国亿万富翁约翰·布卢尔时代，他把保障凯旋的生存视为己任，使用了类似的秘诀，并在 90 年代对此进行大量投资以复活这一品牌。因此，凯旋如今的团队也在做类似的事情，这并不令人惊讶。为了吸引越来越多的车迷，并重新唤起沉睡的激情，凯旋决定提供一系列基于单一平台的摩托车。在重新设计其经典系列时，凯旋在 2016 年提出了两大核心：一是为 Bonneville T120 和其他 Thruxton 摩托提供动力的 1200 毫升大型双缸引擎；另一个是 Street Twin 的“小型”900 毫升双缸引擎。一年后，Street Twin 系列中又加入了 Street Cup 和 Street Scrambler。这三款机器具有相同的易操作性，但风味各异：Street Twin 是街车，Cup 是公路仿赛，Scrambler 是越野车。

轻音乐（easy listening）是一种诞生于 20 世纪 50 年代的流行音乐风格，旋律简单，通常比较柔和，具有一定的优雅气质。这不仅仅是一种音乐流派，更是一种精神状态。街头竞速通常也具有类似的特征。关键在于便捷：无须苦恼任何事，只要骑着摩托车，想去哪儿就去哪儿，想什么时候走就什么时候走。驾驶着新的凯旋 Scrambler，车手并不需要假装自己是骑着 GP 摩托的瓦伦蒂诺·罗西或骑着越野车的詹姆斯·斯图尔特，只需要唤醒自己的感官，做自己。这就是所谓的“轻松骑行”（easy riding）。Street Scrambler 具有与 Street Twin 相同的技术基础，只有一些细小的差异。不过尽管这些差异微乎其微，它们已经足以赋予 Scrambler 自己的个性，这也是这款车型的魅力所在。Scrambler 配备了更高的悬架（后部 8 毫米，前部 12 毫米），以增加离地间隙并适应道路上的变化。悬挂行程保持在 120 毫米，以保持合理的座椅高度（790 毫米，比以前的 Bonneville Scrambler 少 35 毫米）。前端几何形状和轮距已经增加（25.6° 脊柱角，109 毫米的脚

Street Scrambler
“ 简单骑行和自由飞驰
就是 Street Scramble 的定义。”

TRIUMPH
Street
Scrambler

轮和 1446 毫米的轮距），给摩托车带来了稳定性。非常宽的车把（831 毫米）起到了更好的杠杆作用，车手可以轻松地摆动机车，从而保证了灵活性。液体冷却的双缸也经过重新加工，以配合新的、漂亮的分体式排气系统。提前输出的 380 转 / 分钟扭矩使得车子更具直率的特性。

Street Scrambler 非常好骑。车手的腿部无须过于弯曲，车把就能自然地落入手中，辅助离合器拥有令人难以置信的平稳性，与精确的变速箱相得益彰。装备了 ABS 的刹车系统提供了必要的性能，尽管前面是单盘制动，骑手也可以享受到后刹车的效率，有效地控制车子在弯道中的轨迹。此外，因为配备了 ABS 和牵引力控制，Street Scrambler 能够在你将车轮抬起离开道路时提供奇妙的骑行乐趣。凯旋没有把这辆 Scrambler 设计成一辆耐力赛车，但它确实有一些特性能够适用于简单的越野场景，让车手敢于冒险，无论是在未知的道路上驶进森林，行驶在两块田地之间的土路上，还是在蜿蜒的山间碎石小道上，都能以最简单的方式开启最自由的冒险旅程。

Street Scrambler
“眺望地平线的尽头……”

Street Scrambler” 2017

双缸直列，4 冲程，水冷，单顶置凸轮轴，每缸 4 阀门，900 毫升（84.6 × 80 毫米），6000 转 / 分钟时 55 马力，2850 转 / 分钟时 8.2 牛 · 米，电子点火及电子喷射，5 速变速箱，链条二级传动，双钢架，前叉 41 毫米，双减震器，前刹单盘 310 毫米，2 活塞卡钳，后刹单盘 255 毫米，前轮胎 100/90 × 18，后轮胎 150/70 × 17，干重 206 千克。

现代复古

Bonneville T120

2016 年

标志性车型

"This is Major Tom
to Ground Control
I'm stepping
through the door
And I'm floating
in a most peculiar way
And the stars look
very different today"
T120
A PHOTOGRAPHIC SCRAPBOOK

Bonneville T120 的诞生标志着一个新的篇章开始了。在 1959 年诞生、2001 年重生之后，标志性的 Bonneville 在 2016 年获得了新的生命。如果说有一个凯旋车型能在车迷心中代表凯旋品牌整体的形象，那无疑就是 Bonneville。这个名字源自约翰尼·艾伦于 1956 年 9 月 6 日在美国同名盐湖中以 345 公里 / 小时创造的速度纪录。受 1959 年 Bonneville T120 的启发，这些新版本并不是对过去车型不温不火的翻版。恰恰相反，无论是从动力、发动机和底盘的角度，还是从设备零件来看，它们都是非常现代化的，并且拥有无可指责的完成度和精致度，将为它们的主人——以及嫉妒的车迷——提供长期和愉快的骑行 / 欣赏体验。如果说专业媒体经常指责新世纪的 Bonneville 缺乏机械个性，那么现在的凯旋正在努力纠正这一状况。摩托车的灵魂是它的机械装置。几年前，这一论断是无可置疑的，但现在并不是所有人都这样认为。外观、精神、制造和完成度的质量也是当今摩托车成功的关键。幸运的是，凯旋公司在新发动机的开发上没有妥协。大双缸保留了其历史架构，即垂直的两个汽缸。排气量攀升至 1200 毫升，中段扭矩充沛：在 3100 转 / 分钟时达到 10.7 牛·米，它也被称为 HT（高扭矩）。此外，调校后的新大双缸引擎很灵活，让引擎转速很

手作

手工绘制的涂装。整个 Classic 复刻系列都是这样。

Bonneville T120
“复古的味道，现代的舒适。”

光洁的

车子的完成度极高，质量极好，向车迷展示着凯旋的高端定位。

轻松就可以下降到 1500 转 / 分钟，其间迷人的嗡嗡声散发着安静的力量。在六挡 70 公里 / 小时之后，引擎的速度可以上升到 110 公里 / 小时，这是巡航车的理想速度。 在这个速度下，活塞以 3100 转 / 分钟的速度来回运动：正好是获得最大扭矩的速度。这款双缸车有 80 马力，采用单顶置凸轮轴，但每缸有 4 个气门，最大功率比以前的 T100 多 18%，扭矩多 54%。

除了这些数字所代表的性能之外，凯旋还放大了外形特征，强化了驾驶的乐趣。当然，这辆车的定位和其前代不同，但它仍旧设法提供了一些能使骑手感受到摩托车乐趣的机械元素；这种感觉在电动车日益发展的今天越来越罕见；这是一种机械、真实和有点怀旧的感觉。

智慧、简约、美丽

除了引擎，说到新款的 Bonneville 车体本身，它和过去的款式并不类似。它更强调骑行的舒适性，比如增加了加热握把，再加上狭窄的轮胎（后部为 150 毫米），这款新车很好操纵，车手能很容易地按照自己选择的轨迹行驶。

Bonneville 是一款非常简单的摩托车。它易于操作，尽管排量很大，但很容易骑行，能给车手建立信心。凭借其平滑、精确的控制和可调节的杠杆，它温柔地欢迎它的骑手。新款的座椅不仅美观而且舒适。悬挂系统也是如此，让车子的驾驶体验在任何路况和速度下都较为舒适。为此，车子配备了高效的 ABS 系统。

Bonneville T120 Black
“纯粹的优雅。”

全黑（All Black）

除了精致优雅的双色涂装之外，T120 也有全黑的版本，展现了一丝叛逆。

Bonneville T120，2016

平行双缸，4 冲程，水冷，单顶置凸轮轴，每缸 4 阀门，1200 毫升（97.6 × 80 毫米），6550 转 / 分钟时 80 马力，3100 转 / 分钟时 10.7 牛 · 米，电子点火，6 速变速箱，链条二级传动，双钢架，伸缩前叉 41 毫米，双减震器，310 毫米双盘前刹，2 活塞卡钳，255 毫米单盘后刹，前轮胎 100/90 × 18，后轮胎 150/70 × 17，干重 224 千克。

Bonneville T120 & T120 Black

“气质源于机械的魅力。”

轻松（上图）

T120 Black 有着坏男孩一般的外观，但上手简单，驾驶体验舒适。

剪影

简单而强烈，T120 的剪影展现了摩托文化的本质。

永不过时

不，真的，新 Bonneville 没有任何老式的东西。它与时俱进，没有为了复古时尚而牺牲当前的技术。看看它的圆形复古大灯：实际采用了 LED 灯，并配有现代日间行车灯。Bonneville T120 设法将现代性和复古风格与精致的优雅相结合。例如，节气门体被巧妙地隐藏在漂亮的假化油器中。原始 Bonneville 的每一个细节都得到了尊重，就连火花塞也是深酒红色的，让人想起过去使用的材料。此外，凯旋对其新摩托车的表面处理进行了大量的测试，以确保颜色方案尽可能地接近原始外观。当然，水箱有著名的橡胶护膝，前叉有黑色的夹层，非常老派。平坦的座椅，后面有弹力的隆起增加了复古的感觉。如果说长管完成了这幅复古画卷，那么它们也符合强制性的欧Ⅳ防污染标准，没有任何顾虑。在技术方面，Bonneville 隐藏了许多驾驶辅助设备，这些设备可以在运动型车、拉力车或大型 GT 上找到，但几乎不被应用在其他所谓的新复古车上。油门不再由电缆控制，而是电子控制（线控），这使得车子能够提供两种骑行模式（公路或雨天）；还包括牵引力控制（可断开），以及防滴漏离合器，这是避免后轮打滑的理想选择，无论在加速还是降挡时都能很好地辅助车手控制车速。最后，座椅下的 USB 插座可以连接 GPS 和其他电子设备。点火钥匙配备了转发器，仪表上有一个集成的中控屏。谁说复古摩托车的机械配件都是基本、简陋的？这些 T120 是这个蓬勃发展的细分市场中的一股新鲜空气：新复古摩托车正在走出他们的小众市场！Bonneville T120 和 T120 Black 的外观漂亮，骑行体验舒适，无论哪方面都很迷人。它们是 Bonneville 系列当之无愧的继承者，是最狂热的摩托车手的梦想之车。更妙的是，它们拥有液冷双缸和 80 马力的动力，以及现代化的经过智能选择和谨慎整合的设备，它们提供了一种特别平衡的骑行乐趣，让车手能以流畅、轻松的方式在公路上飞驰，同时融合了现代摩托车性能强劲、安静和安全的巨大优势。简而言之，这款车型融合了现代和复古的优点，开启了一个新的篇章，将要续写一个新的故事。

骑行的快乐

T120 提供的骑行乐趣令人回忆起过往的光辉岁月。

现 代 复 古

Thruxton 1200

2016 年

下一代咖啡骑士

TRIUMPH
THRUXTON R
brembo
TRIUMPH

绿色骑手

Thruxton 1200 标准版有着经典而优雅的外观。

Thruxton，这不仅仅是一辆摩托车的名字，更是摩托车比赛中的一个传奇。“Thruxton”这个名字源于一条赛道，它最初是英国安多弗（Andover）附近的一个机场，该机场在第二次世界大战期间被使用，战后则被改造成了长约 3.05 公里的赛道。1958 年，麦克·海尔沃德与丹·肖里（Dan Shorey）在这里驾驶 Triumph 650 赢得了第一届 Thruxton 500 耐力赛。Thruxton 500 耐力赛在 1956 年和 1957 年是一项 9 小时耐力赛事，随后在 1958 年转为 500 英里距离的耐力赛。传奇车手麦克驾驶凯旋赢得的这场胜利使凯旋获得了作为赛事摩托的声誉。

在 Thruxton 500 风行的 15 年中，凯旋不断摘取胜利的桂冠。1965 年起，工厂开始生产限量版的 Bonneville T120 R Thruxton，这是一款赛车版的街车。1969 年，凯旋在比赛中包揽了前三名，胜利者是珀西·泰特（Percy Tait）和马尔科姆·乌弗尔（Malcolm Uphill）二人组。此后，乌弗尔继续给凯旋带来荣耀，使凯旋成为首个在旅游杯摩托车赛中用量产摩托突破平均时速 100 英里的制造商。赛车和街车之间的相似性使 Thruxton 500 非常受欢迎，咖啡骑士诞生了。这些高性能改装摩托车在 Ace Café London、TonUp Boys 和 59 Club 等场所引起热潮。换言之，Thruxton 不仅仅是一个名字，更是英式摩托文化灵魂的象征。

Thruxton 1200
“正宗英式仿赛。”

Thruxton 1200 R，2016

平行双缸，4冲程，水冷，单顶置凸轮轴，每缸4阀门，1200毫升（97.6 × 80毫米），6750转/分钟97马力，4950转/分钟11.4牛·米，电子点火，6速变速箱，链条二级传动，双钢架，Showa倒叉43毫米，Öhlins双减震器，310毫米双盘前刹，4卡钳，255毫米单盘后刹，前轮胎120/70 × 17，后轮胎160/60 × 17，干重203千克。

TRIUMPH
brembo

黄色
配有 Öhlins 减震器、昭和倒叉和单个 Brembo 制动卡钳。

几十年后的 2004 年，凯旋公司通过发布一款带腕带的 Bonneville，复活了这个标志性的名字。令人遗憾的是，这款双缸发动机的表现并没有传说中那样出色，车子表现也没有达到预期目标。直到 12 年后的 2016 年，凯旋才产出了一台配得上 Thruxton 之名的摩托。Bonneville Thruxton 1200 可作为标准型号或更运动型的 R 版本，其表现令人不禁回想起咖啡骑士的全盛时期。这款车拥有纯粹、纤细和精美的线条，在转角处略微俯冲，以瞄准理想的轨迹。这有赖于其强大的机械装置和锐化的底盘。当然，Thruxton 并不打算与 Daytona 675 竞争：它不是一辆纯粹的运动型摩托车，而是一辆为受速度和优雅需求驱动的绅士骑手准备的摩托车。标准的 Thruxton 和 Thruxton R 之间有很大的区别。Thruxton R 有一个 Showa BPF 前叉，Öhlins 减震器和 Brembo 径向卡钳。所有这些特点和设备使骑行变得更有效率。尽管 Bonneville T120 和 Thruxton 是非常接近的"表兄弟"，即共享相同的机械基础和底盘，但凯旋选择了完全不同的机械装备。1200 毫升的立式双缸机具有不同的特点，显示出更有爆发力的气质，更符合机器的赛车手精神。从 HT（高扭矩）开始，双缸发动机变成了 HP（高功率），在 6750 转 / 分钟时可达到 97 马力，在 4950 转 / 分钟时的扭矩为 11.4 牛·米。而且，虽然扭矩肯定比邦尼的 1200HT 高，但它达到最大 1850 转 / 分钟的时间更晚。这导致了这款车拥有非常不同的驾驶感和特性。发动机表现在这里变得更加迅猛，Thruxton 在一挡时需要艰难起步，如果依赖后轮胎辅助提速则显得气势汹汹。

在技术方面，曲轴被减小了，在转速上升时的惯性更小，高压缩汽缸盖将压缩比从 10 提高到 11，气箱容积被增加，并调整了映射。最后，发动机多了 500 转。与 T120 相比，1200 的柔软

Thruxton 1200 R
"精致 & 性能优越，造就极致完美。"

Thruxton 1200 & 1200 R
“带环式握把……”

遗产（上图）

从 2000 年开始，凯旋这个名字作为历史遗产得到了广泛认可与追捧。

精工

凯旋的战略选择使开发团队能够显著提高机车完成度。

度稍差，但在转速范围内反应更快。它喜欢被“鞭打”加速，作为回报，它能为骑手提供很强的加速感。由于采用了线控油门控制，这款车有三种发动机模式（雨天、公路和运动），再次证明凯旋不仅拥抱了复古潮流，而且还为其机器配备了新技术！这就是凯旋。这些模式是基于油门响应，而不是基于最大功率。三种模式的差异是明显的：雨天模式下的平稳性或运动模式下的直接响应性。Thruxton 配备了 ABS 和牵引力控制，这两项功能都可以关闭。这辆车在曲折的道路上很稳定，有一个精确的前端，强大而灵敏的制动，以及超跑般的感觉和先进性。安装在 R 版上的 Showa 前叉和 Öhlins 减震器并不是为了炫耀，而是为了提供现代的、高效的、完全符合当前标准的操控性。与它的前辈不同，Thruxton R 没有模仿传统运动车型的结构。车子装有锥形的排气消音器（Thruxton 为铬合金，Thruxton R 为拉丝不锈钢），发出深沉的、令人羡慕的声响。来到加油站，在两次运行之间快速加油，其魅力仍在继续：Triumph 很有品位地在 Thruxton 的油箱上安装了一个真正的 Monza 缸盖，可以折叠起来。这称得上是复古的时尚！作为一个咖啡骑士，座位是单人座和速度型。要想把你征服的她带在身边，你就得翻翻官方的配件目录。车子的外观令人赞叹不已：从它的辐条轮辋到它的假铝制气箱的穿孔处理，都非常精美，后者还增加了一对化油器，其目的是在其复古的外观下隐藏一个非常现代的元件。这是为了保留 Thruxton 标志性的复古魅力而做的明智选择。因为这款车的前代诞生于一个车手热衷于要改装和定制自己机车的时代，凯旋提供了一系列用于升级 Thruxton 的套件，从赛道赛车到咖啡骑士再到性能都囊括在内。无论是赛道表现还是商业策略，Thruxton 都已经准备好宣布：传奇回来了！

孪生

它的“孪生兄弟”，无论运动款还是经典款，都是个性化的典范。

现代复古

Bobber

2017 年

美丽而叛逆

TRIUMPH

轻盈
悬挂式座椅装在拉丝铝制的支架上：Bobber 的标志！

2017 年，凯旋新作 Bonneville Bobber 仍在继续创造摩托车界的历史。这台车设计简约，外观漂亮，性能卓越，并且拥有纯正经典的复古气质。它的设计源于美式 Bobber 文化，但对真正的摩托车迷而言，这款车也同时代表了英国摩托车的伟大时代，那个 500 Speed Twin（1938）、Tiger 100（1939）和 Thunderbird 650（1951）等经典款风靡车圈的时代。只需一瞥就足以辨识这些经典款和这台凯旋全球总部欣克利新作之间的造型相似性（尽管新 Bonneville 系列的生产已经迁往泰国）。环绕的后挡泥板，硬汉风格的粗壮管状车架直插后轮，空气悬架座椅，突出的垂直双缸发动机面向道路，所有这些设计都围绕着一个最为核心的简约理念：摩托车的原始定义。这款新作于 2016 年推出，它的名字除了取自昔日 1200 毫升 T120 Bonneville 之外，也蕴含着一丝摇滚气息（一种很巧妙的营销方式），能够借由其简约复古的风格触达新客户群，从而重新定义"摩托"一词。

动力强劲

当你骑上这款 Bobber 时，它极其现代而强劲的动力将会令你震惊，这种品质在巡航摩托领域可以称得上前所未有，足以引起人们尝试的兴趣。首先，它的骑行体验非常舒适，并且

Bonneville Bobber，2017

平行双缸，4 冲程，水冷，单顶置凸轮轴，每缸 4 阀门，1200 毫升（97.6 × 80 毫米），6100 转 / 分钟 77 马力，3230 转 / 分钟 8.1 牛 · 米，电子点火，6 速变速箱，链条二级传动，双钢架，伸缩前叉 41 毫米，单减震器，310 毫米单盘前刹，2 卡钳，255 毫米单盘后刹，前轮胎 100/90 × 19，后轮胎 150/80 × 16，干重 228 千克。

混音

Bobber 将复古的机械和绝对的现代性融合在一起。

Bobber

“ Bobber 不是买来的，是改装出来的！ ”

炫耀（上图）

在其经典复刻系列（Modern Classic）中，凯旋公司将机械重新置于设计的核心。

360°

无论是从任何一个角度观察和欣赏，Bobber 都完美无缺。

可以适应各种骑行姿势和各类骑法——因为它华丽的悬挂式座椅能够向各个方向调节，无论是向前、向上调整，还是向后、向下调整。初始的低座椅（高 690 毫米）使骑手可以选择巡航骑行姿势和风格（向后），也可选择以仿赛坐姿驾驶（向前）。带有优雅缝线的厚实皮革座椅是新 Bobber 个性的基石，座椅安装在一个漂亮的拉丝铝框上，框架上还镶嵌着一枚 20 世纪 40 年代风格的黄铜凯旋标志。与 Speed Twin 和 Thunderbird 650 上使用的弹簧相比，该座椅有一个更精致的悬挂系统。Triumph 的首席工程师斯图尔特 · 伍德在 Bobber 发布时解释说："我们希望后部有一个坚硬的车架，但我们不想在舒适性和操控性上打折扣，也不想掩盖车尾有良好弹簧的事实，所以我们加强了座椅下方的减震器。"严格来说，Bobber 是一个单座车，即使安装有配件，也不能载两个人。由于不能载客，Bobber 的座椅悬挂距离可以调到非常低（77 毫米），但足以确保舒适性，即使在颠簸的道路上也是如此，并保证均匀的高性能行驶。这是这辆不寻常摩托的最大惊喜所在：由于其较低的机械装置和量身定做的雅芳眼镜蛇轮胎，其重心很低，尽管轴距较长，但 Bobber 既灵活又稳定。在低速时容易操作，在高速转弯时也很让人放心（它的速度可以轻松达到 200 公里 / 小时）。即使它的天职不是追赶各种赛车手，它也能够让骑手在蜿蜒的道路上体会到高速驾驶的乐趣（当然是在其脚踏板所规定的离地间隙限度内）。我们在这里发现了 Bobber 和其他 Speed Twin 和 Thunderbird 摩托车所共有的一个被低估的特征：性能。事实上，Bobber 型车是在第二次世界大战后诞生的，当时摩托车手们开始改装过去的军用摩托车，除去所有多余的部件以提高其动力。因此，Bobber 的简约设计突出表现在它的小型水滴形油箱，仅能容纳 9 升的燃料。续航能力当然有所下降——约 130 公里，但小体积的油箱在视觉上加强了双缸发动机的存在感，从车把上方就可以欣赏到汽缸盖的曲线。同样，40—50 年代的凯旋车都是强调性能的。特别是 Tiger 100 和 Thunderbird 650，更是塑造了凯旋摩托性能卓越的形象，很好地为当时品牌负责人爱德华 · 特纳的商业目标服务。近 70 年后，新款 Bobber 横空出世，吸引了众人的目光，它提供的骑行体验更接近于一辆好的仿赛，而非一台单纯的巡航摩托。

奇怪

Bobber 的驾驶姿势可能看起来很奇怪。然而，这款车是舒适体验和卓越性能的有机融合。

人体工程学

座椅位置可调，以适应车手的身材和驾驶风格。

宁静的力量

参考了 Bonneville T120 的 1200 毫升双引擎以 HT（高扭矩）版本出现，但稍作修改，以使得其特性被更好地凸显。车子的最大功率减少了 3 马力，在 6100 转时达到 77 马力，但扭矩在 4000 转时增加了 10%，正好在其“甜蜜点”的中心。通过重新设计的映射、进气口和排气管，这款双缸发动机在每次扭动油门时都能提供一种微妙的、鸡尾酒式的安静动力，巧妙地结合了平顺性和冲击力，而并不显得野蛮粗暴。相反，在其空旷的声音和美丽的复古外观背后，新款 Bobber 不动声色地将最尖端的新技术完美呈现，例如其电子线控油门，除了提供雨天和公路两种骑行模式外，还提供与后轮的最佳连接。凭借最新一代 ABS 系统和高效、可断开的牵引力控制，Bobber 非常易于操控，而这一特性恰恰增强了它所提供的骑行乐趣。仅仅拥有马龙·白兰度和他在《飞车党》（*The Wild One*）中展现的 Thunderbird 650 那样的叛逆造型是不够的。机械的简约主义必须与高科技的舒适性统一起来。这款机车恰恰如同一位美丽的反叛者，奇妙地实现了这种结合。

Bobber

“1930 年的 Speed Twin 和 Thunderbird 6T 在 Bobber 系列中复活了！”

米凯尔·勒维维耶，泽夫·埃诺，尤德·普尔迪厄·勒·寇兹

TRIUMPH

BORN IN PIGALLE
GUITARE
GARAGE
DEPUIS
19.96
TRIUMPH
TRIUMPH
RAY PICKRELL / PERCY TAIT
LUCAS
DUNLOP
Castrol
70
CHAMPION

955i
DAYTONA
TRIUMPH
70

出 品 人：许　永
出版统筹：海　云
责任编辑：李幼萍
特邀编辑：林园林
封面设计：海　云
版式设计：万　雪
印制总监：蒋　波
发行总监：田峰峥

投稿信箱：cmsdbj@163.com
发　　行：北京创美汇品图书有限公司
发行热线：010-59799930

创美工厂
微信公众号

创美工厂
官方微博